Sie ist weg …und jetzt?

Allen Frauen gewidmet, die mich verlassen haben, und mir damit die Möglichkeit gaben mich weiter zu entwickeln.

Jörn Schacht

Sie ist weg …und jetzt?

Ein Gespräch

von Mann zu Mann

Bibliografische Information der Deutschen Bibliothek:
Die Deutsche Bibliothek verzeichnet diese Publikation in der Deutschen
Nationalbibliografie; detaillierte Daten sind im Internet über
<http://dnb.ddb.de> abrufbar.

© 2005 Jörn Schacht
Herstellung und Verlag: Books on Demand GmbH, Norderstedt
ISBN 3-8334-2587-3

Inhalt

Vorwort   7

1. Hör auf zu strampeln   9
Sofortmaßnahmen am Unfallort

2. Es ist alles deine Schuld   18
Der Schwarze Peter

3. Opferstorys   24
Ich armes Schwein

4. Schmutzige Wäsche   31
Nachtreten

5. Chronische Unruhe   32
Spurensuche

6. Akku leer   38
Beam me up Scotty

7. Männerspielereien   45
Die Ersatzfrau

8. Lästige Selbstreflektion   51
Ursachenforschung in eigener Sache

9. Selbstbetrug   55
Schönfärberei

10. Gepflegte Freundschaft   61
Das Sicherheitsnetz

11. Scheinheilig   66
Ich wollte doch nur dein bestes

12. Blablabla   74
Links rein, rechts raus

13. Jetzt wird alles anders   82
Inhaltlose Sprechblase

14. Einen Strich ziehen   89
Verlass das Spielfeld

15. Alles wird gut   94
Der erste Schritt

Vorwort

Hallo, mein Freund! Ich hoffe, es macht dir nichts aus, wenn ich das „du" als Anrede wähle? Ich denke, ein freundschaftliches „du" sollte unter Männern kein Problem sein, immerhin sind wir doch für die Dauer, in der du dieses Büchlein liest, so etwas wie Kumpel. Solltest du während des Lesens feststellen, dass dir irgendetwas gefällt oder auch nicht, kannst du das Wort natürlich auch in einem vertrauensvollen „du" an mich richten. Du Idiot hast gut Reden, hört sich doch auch viel persönlicher an, oder?

Du musst entschuldigen, wenn die eine oder andere Erkenntnis, die du vielleicht beim Lesen bekommen wirst, erst mal etwas unbequem erscheint, aber ich habe immer wieder die Erfahrung gemacht, das nur ein verbaler Tritt in den Allerwertesten manche Menschen aus ihrem Dornröschenschlaf erwachen lässt.

Ich möchte dir vorab sagen, dass ich weiß, wie dir zu Mute ist, denn ich habe genau die gleichen Situationen durchlaufen, die du gerade erlebst oder schon erlebt hast.

Irgendwann war das letzte Gespräch mit meiner Freundin geführt, der Vorhang fiel und dann stand ich da mit meinem Talent. Ich habe gehofft, geweint, war zornig, traurig, hilflos und dennoch habe ich es überlebt. Es gibt immer einen Weg, das Beste aus einer Situation zu machen, denn es sind nie die Umstände, sondern immer die eigene Sichtweise, die ein Problem zu einem Problem macht. Du kannst jetzt in Selbstmitleid zerfließen und zur Flasche greifen oder die Ärmel aufkrempeln und zeigen was Männer von Memmen unterscheidet. Ich möchte damit nicht behaupten, dass Männer sich ausnahmslos wie Memmen aufführen, wenn es zu einer Trennung kommt, aber es ist erwiesen, dass sie damit größere Probleme haben, als sie sich und anderen häufig eingestehen. Ich möchte noch anmerken, dass ich keinen Wert darauf gelegt habe, wissenschaftlich psychologisch abgesicherte Aussagen zu machen, sondern klar verständliche und alltagstaugliche Tipps anbieten möchte, um erst mal mit dieser akuten Situation umgehen zu können. Es handelt sich keinesfalls um eine abzuarbeitende Checkliste, sondern es sind einfach Anregungen, die dich hoffentlich in die Lage versetzen, eigene Ideen zu entwickeln, die dir schneller wieder auf die Beine helfen. Ich möchte dich für einige Dinge sensibilisieren, an die du vielleicht noch gar nicht gedacht hast, die aber wichtig sind, um objektiv und sachlich mit deiner Geschichte umzugehen.

„Die Lösung" wird es nicht geben, sondern nur einen Entwicklungsprozess, den du durchlaufen musst, und das wird dir auch niemand abnehmen können. Darüber hinaus, gibt es Situationen im Leben, in denen es schlichtweg sinnvoller, sich von einem unbeteiligten Dritten einen Rat geben zu lassen. Ich habe dir am Ende des Textes etwas Platz gelassen, und wenn du magst, kannst du dir dort den einen oder anderen Gedanken notieren, der dir vielleicht beim Lesen kommt.

Ich wünsche dir viel Spaß beim Lesen und hoffe, ich kann dir ein wenig weiterhelfen. Schmunzeln ist übrigens ausdrücklich erlaubt, denn Humor ist ja bekanntlich, wenn man trotzdem lacht.

Jörn

1. Hör auf zu strampeln

Nun, wie sieht es aus? Ist sie schon weg oder ist sie gerade im Begriff dich zu verlassen? Hat sie dir schon gesagt, dass es aus ist oder lässt sie dich gerade in einer lähmenden Hängepartie am langen Arm verhungern? In beiden Fällen gebe ich dir vorab denselben Rat. Wenn du noch irgendetwas retten willst: diese Beziehung, aber vor allem dich selbst, tu einfach nichts mehr.

In dieser Phase ist es nur noch die Aneinanderreihung sinnloser Kunststücke, die nichts mehr ändert, sondern dazu führt, dass sie sich immer weiter von dir entfernt. Du sitzt wahrscheinlich da und überlegst dir, was du tun könntest, um sie davon zu überzeugen, dass der Schritt, den sie getan hat oder tun will, nicht der richtige ist und dass du ein ganz feiner Kerl bist und alles für sie tun würdest. Spar dir die Energie. Die Klimmzüge hättest du machen sollen, als es an der Zeit war. Du brauchst sie jetzt nicht mehr zu überzeugen, denn sie hat ihren Entschluss schon gefasst und das zu einer Zeit, als du noch geglaubt hast, alles wäre in Ordnung oder halb so schlimm. Die Mädels sind da nämlich etwas gründlicher als wir und sind eigentlich schon länger mit einer Sache durch, geben uns aber noch etwas Galgenfrist. Da wir häufig nicht sehr feinfühlig sind und die Signale nicht richtig deuten können, nutzen wir diese Frist meistens nicht. Selbst eine offen ausgesprochene Warnung quittieren wir oft mit einem ungläubigen Achselzucken und dem Gedanken, sie wird sich schon wieder beruhigen. Als ich die Mutter einer meiner Exfreundinnen später einmal traf, erzählte sie von ihrem Bedauern über unsere Trennung und dass ihre Tochter ihr untersagt hatte, für mich ein Weihnachtsgeschenk zu besorgen. Das war allerdings lange vor dem Fest, als ich noch glaubte, das bekommen wir schon wieder hin. So verhielt sie sich übrigens auch.

Das hatte aber nichts zu sagen, denn es war die eben beschriebene Schonfrist und diente nur dazu, noch ein paar Fakten zu suchen oder zu schaffen, um sich dann langsam, ohne größere Blessuren aus der Nummer rauszuschleichen. Kurz nach den Festtagen, als ich sie um ein klares Wort gebeten hatte, hat sie sich entgültig mit einem Paukenschlag von mir getrennt.

Na klingelt es jetzt bei dir? Kommt dir das bekannt vor? Die Würfel sind schon lange gefallen, nur als das Spiel begonnen hat, hast du noch gar nicht am Spieltisch Platz genommen. Du kannst es jetzt drehen und wenden wie du willst, jeder weitere, unangemeldete Besuch, jede weitere Diskussion oder andere ähnliche Aktion wird sie nur noch mehr darin bestärken, dass ihr Entschluss der richtige ist.

Du glaubst mir nicht? Dann probier es aus!

Schreib an „nur die Liebe zählt", sag ihr, dass sie mit allem recht hat, dass du dich ändern wirst und alles für sie tust. Mach dich für sie so richtig zum Hans Wurst. Das ist nämlich das, was dabei herauskommen wird. Sie spürt deine Schwäche und wird auch noch den kümmerlichen Rest von Respekt dir gegenüber verlieren. Dann hast du ganz verloren, deine Partnerin, weil keine Frau mit einem Jammerlappen zusammen sein will, und deine Selbstachtung, weil du dir, vor ihr kniend, noch einen Tritt abgeholt hast.

Also nur zu, probier es ruhig aus, aber beschwer dich hinterher bitte nicht. Ich hatte jede Geste meiner letzten Ex, jede sms oder jedes Gespräch einfach so gedeutet, wie es am besten in meine Hoffnung passte. Alles Blödsinn! Wenn dein Gegenüber den Entschluss gefasst hat, dir zu sagen, dass es vorbei ist, dann ist das auch so, jedenfalls für diesen Moment, Basta. Versteh mich jetzt bitte nicht falsch, ehrliches Bemühen ist bis zu einem bestimmten Zeitpunkt in Ordnung und es zeigt ja auch, dass es einem wichtig ist, aber lass es nicht zu einer bedingungslosen Kapitulation kommen. Egal wie das Spiel ausging oder ausgeht, für dich ist es das Beste in dieser Phase nichts mehr zu tun. Ja, du hast richtig gelesen, NICHTS.

Alles, was du jetzt tust, bedeutet Druck für sie, Druck eine Entscheidung treffen zu müssen, Druck sich eventuell bei der Familie oder Freunden rechtfertigen zu müssen, Druck eine Entscheidung zu treffen, die sich für sie hinterher als falsch rausstellt. Und was tun Menschen, die einem permanenten Druck ausgesetzt sind? Richtig, sie halten dagegen oder befreien sich davon. Wie dieses Befreien aussieht, brauche ich dir wohl nicht zu erklären. Also hör einfach auf zu strampeln und bring ein wenig Ruhe in die Geschichte. Hat nicht auch deine Oma schon immer gesagt, "wer sich rar macht, macht sich interessant" Das ist das Einzige, was jetzt noch sinnvoll ist, wenn es mit ihr noch mal was werden soll. Wahrscheinlich wirst du jetzt denken, gut gebrüllt Löwe, doch frag dich mal ganz ehrlich, warum solltest du dasselbe Gespräch, das ihr schon so oft geführt habt, noch mal führen? Oder glaubst du allen Ernstes, einfach ohne Aufforderung bei ihr aufzuschlagen oder anzurufen würde irgendetwas bringen? Selbst wenn sie den Telefonhörer abnimmt, dich reinlässt oder dich sogar bei ihr schlafen lässt, hast du nichts gewonnen. Am nächsten Morgen wird sie sich wahrscheinlich über ihre Inkonsequenz ärgern und ihr Programm noch härter durchziehen. Dann bist du endgültig weg vom Fenster.

Mach das einzig Richtige, zieh dich zurück. Tu einfach nichts mehr. Ruf sie nicht an, schreib ihr nicht, schick ihr keine Blumen, wirf nichts – nur nett gemeintes – in ihren Briefkasten, besuch nicht euer gemeinsames Stammlokal und auch sonst solltest du ihr ganz aus dem Weg gehen. Verschwinde einfach von ihrer Bildfläche. Und das so früh wie möglich, spätestens aber zu dem Zeitpunkt, wenn sich eure Gespräche ohne Ergebnis wiederholen. Wenn ihr noch Kontakt habt, kannst du diesen Rückzug ihr gegenüber auch gerne erklären. Sag ihr, du möchtest, dass sie sich überlegt was sie nun wirklich will und du würdest die Zeit benötigen, um dir deinerseits Gedanken zu machen. Wenn sie dich sehen oder sprechen möchte, weiß sie, wo sie dich finden kann. Sollte der Kontakt schon abgebrochen sein, belass es dabei, denn jedes Überangebot senkt weiter den Marktwert.

Ein guter Freund von mir kommentierte solche Situationen immer mit den Worten, „man muss auch einfach mal abwarten können". Schlaue Sprüche? Nein, er hatte jedes Mal Recht, und immer, wenn ich mich nicht an diesen Rat hielt, ging es kräftig nach hinten los.

Alles nimmt ein gutes Ende für den der warten kann.

Tolstoi

Also distanziere dich von ihr und wenn für diesen Rückzug ein vorübergehender Auszug aus der gemeinsamen Wohnung nötig ist, solltest du auch das in Erwägung ziehen. Nichts ist nerviger, als in so einer Situation aufeinander zu hocken. Es ist einfach Abstand nötig, auch wenn du glaubst, es reicht mit deinem Bettzeug auf die Couch zu ziehen. Wenn du keinen Kumpel hast, der dir Unterschlupf gewähren könnte, tut es zur Not auch das Hotel Mama. Blut ist bekanntlich dicker als Wasser und wenn sie jedes Mal zu Mama oder einer Freundin geht wenn's kriselt, kannst du das auch. Du musst es ja nicht gleich am Motorradstammtisch erzählen. Ich bin in so einer Situation mal mit Sack und Pack in meine Stube in die Kaserne gezogen. Das es sich dort nicht um eine Umgebung handelt, in der man sich unbedingt wohlfühlt, kannst du dir sicherlich denken, geht aber alles, wenn man will. Nur mit dieser Klarheit bekommst du wieder Kontrolle über die Situation, nur so wirst du vom Passagier wieder zum Fahrzeugführer.

Du glaubst, das bekommst du nicht hin?

Tja mein Freund, hier trennt sich die Spreu vom Weizen. Du kannst aufrechten Hauptes die Arena verlassen oder mit eingekniffenem Schwanz, wie ein getretener Hund. Die letzte Variante wirst du wahrscheinlich sehr lange mit dir rumschleppen und das brauchst du dir nicht anzutun. Du tust dir und deiner Sache einfach keinen Gefallen, wenn du es mit der Brechstange versuchst. Du kannst Liebe, Vertrauen oder Zuneigung nicht wieder herbeidiskutieren, nicht mal mit den sprichwörtlichen Engelszungen. Darüber hinaus verlierst du deine Selbstachtung und somit jeden Respekt vor dir selbst, wenn du als Bittsteller um ihre Zuneigung bettelst. Möchtest du, dass sie es aus Mitleid noch mal mit dir versucht? Was hast du davon, wenn du dich durch einen faulen Kompromiss selber geißelst? Der größte Verlust, den ein Mensch erleiden kann, ist der Verlust seiner Selbstachtung, denn die kann er sich nur selber nehmen.

Ja, aber ich bin doch total traurig und am Boden zerstört!

Natürlich bist du das, denn das ist doch auch normal in dieser Situation und weil es normal ist, ist es auch in Ordnung. Wenn du schon mit jemandem sprechen willst, und das halte ich für durchaus angebracht in dieser Lage, sprich mit einem guten Freund oder einer guten Freundin. Ein Bekannter sagte zu mir, er ziehe in solch einer Situation durchaus das weibliche Geschlecht vor. Zum einen können Frauen sich besser in die Psyche der Verflossenen einfühlen, zum anderen bestehe immerhin noch die Chance, mit ihr in die Kiste zu gehen, wenn alle Stricke reißen. Das ist sicherlich die Vorgehensweise einiger Männer, aber bestimmt nicht der Königsweg. Letzteres ist auch nur zu empfehlen, wenn du trotz Liebeskummer nicht vorhast, die alte Geschichte noch mal aufzukochen. Wie ich schon sagte ist Hilflosigkeit und Trauer normal in dieser Situation. Es ist auch völlig in Ordnung, wenn dir zum Heulen zumute ist. Setz dich ruhig zu Hause hin und lass die Tränen laufen. Du wirst sehen, das Weinen entlastet die Seele ungemein. Das hat auch nichts mit unmännlichem Verhalten zu tun, sondern zeigt, dass jemand normale menschliche Regungen nicht unterdrückt. Menschen, die so etwas nicht zulassen, verhärten innerlich und tun sich keinen Gefallen.

Weinen öffnet die Lungen, wäscht das Antlitz,
ist eine gute Übung für die Augen und besänftigt.
Also weine ruhig.

Charles Dickens

Geh zu den Leuten, die dir nahe stehen und verbringe deine Zeit mit ihnen. Verabrede dich zum Sport, ins Kino oder triff dich einfach mit ein paar Kumpels auf ein Bier. Wenn es dir hilft, einfach nur alleine zu sein, auch gut. Bleib zu Hause, koch dir eine Kanne Tee, mach ein paar Kerzen an und lies ein gutes Buch. Schaff dir eine schöne Atmosphäre, denn es geht in dieser Phase einfach nur darum, dass du erst mal gut und aufmerksam mit dir selber umgehst und die ins Rutschen gekommenen Dinge erst mal sicherst. Niemand verlangt von dir, dass du in dieser Situation freudestrahlend durch die Gegend läufst. Apropos Buch! Geh in eine Buchhandlung, besorg dir ein paar Bücher zu diesem Thema und lies, aber bitte keines von denen, die uns erklären, warum Männer in der Nase bohren und Frauen unbedingt zu zweit aufs Klo müssen. Zum einen bringen dich diese Erkenntnisse nicht wirklich weiter, zum anderen ist es uns Männern doch auch völlig Wurst, warum Frauen ihr Auto nicht in die Parklücke bekommen. Als ich mal in einer ähnlichen Situation das Gefühl hatte, es geht nicht so richtig voran, beschloss ich ebenfalls, mir etwas Literatur zu besorgen. Leider gibt es zu diesem Thema überwiegend Bücher für Frauen, denn beim nächsten Mann soll ja bekanntlich alles anders werden. Wir Männer sind da etwas benachteiligt. Die Nachfrage scheint auch nicht so groß zu sein, denn wir Kerle leben ja immer noch nach dem Motto, Indianerherz kennt keinen Schmerz. Vielleicht sind die Burschen deshalb fast ausgestorben. Die mangelnde Lektüre ist nicht zuletzt ein Grund, warum ich diesen kleinen Ratgeber geschrieben habe. Als ich im Bücherladen vor dem Bücherregal stand und die Kurzbeschreibungen auf den Rückseiten las, hatte ich das Gefühl, ich müsste erst mal einen Selbstfindungskurs belegen und meine feminine Seite entdecken. Das war aber nicht das, was ich wollte. Die Sprache, in der diese Bücher geschrieben sind, war irgendwie nicht meine. Ich wollte keine psychotherapeutische Betreuung, sondern das, was wahrscheinlich die meisten Männer bevorzugen: eine klare verständliche, alltagstaugliche Gebrauchsanweisung, wie ich den Motor erst mal wieder in Schwung bringe. Ob du lieber ein Frauenversteher werden willst oder eine handfeste Variante bevorzugst, musst du selber entscheiden, auf jeden Fall sollte es ein Buch sein, das nicht nach den ersten zwei Seiten im Regal verschwindet. Für sehr empfehlenswert halte ich übrigens auch Bücher, die der Persönlichkeitsentwicklung dienen, zum Bleispiel über Kommunikation, Verhaltenspsychologie oder Körpersprache. Wenn du dich mit diesen Dingen mal beschäftigst, wirst du viele Dinge besser analysieren können und es könnte sein, dass du das, was du vorher hattest vielleicht gar nicht mehr wiederhaben willst. Du wirst sehen, die Dinge lösen sich viel schneller auf, wenn du dich mit ihnen auseinandersetzt.

Ich habe bis heute unzählige Bücher zu diesen und ähnlichen Themen gelesen, und ganz nebenbei habe ich das Lesen als Moment der Ruhe in Krisenzeiten, für mich wieder entdeckt. Ein sehr guter Rat, den ich ebenfalls einem Buch entnommen habe, ist, schreib ein

„Trennungstagebuch". Zum einen kannst du alles loswerden, was dich in diesen Tagen bewegt zum anderen hast du was zum Lachen, wenn du das Büchlein später mal wieder hervor holst. Und glaub mir mein Freund, du wirst wieder lachen. Du wirst sehr schnell erkennen, dass die Situation auch ein paar gute Seiten hat, denn du hast die Möglichkeit an dieser Sache zu wachsen und gestärkt aus ihr hervor zu gehen. Das sollte auch dein vorrangiges Ziel sein, denn sonst kannst du davon ausgehen, beim nächsten Mal wieder auf die Nase zu fallen, denn du bist ja wieder einer der Hauptdarsteller. Also fassen wir noch mal kurz zusammen. Wenn sie dir sagt, es ist aus oder dass sie Zeit für sich braucht, um sich Gedanken zu machen, verlass das Spielfeld, tu einfach nichts mehr, was zusätzlichen Druck aufbauen könnte. Wenn sie dich sehen oder sprechen möchte, wird sie sich schon melden. Alles andere schadet nur dir und dem, was du eigentlich erreichen willst. Darüber hinaus verlängert alles andere einfach nur den momentanen unschönen Zustand.

2. Es ist alles deine Schuld

Es ist immer wieder ein sehr beliebtes Spiel, während oder nach einer Trennung den Verantwortlichen zu suchen. Da meistens nur zwei Personen in Frage kommen, du oder sie, legst du vielleicht viel Ehrgeiz an den Tag, die Waage zu den eigenen Gunsten zu füllen. So sehr du dich auch an dem, was vorgefallen ist, hochziehen kannst, es spielt eigentlich keine Rolle, worum es in deinem Konflikt mit ihr geht. Es ist auch völlig egal, was dieses Drama ausgelöst hat. Eine schlichte Meinungsverschiedenheit, eine Lüge oder ein Betrug, das Ergebnis ist in jedem Fall das gleiche, sie ist weg! Wer die Schuld hat, spielt nur noch für denjenigen eine Rolle, der glaubt, ohne Verantwortung für das Geschehene zu sein. Heißt es nicht schon in der Bibel, derjenige, der ohne Schuld ist, werfe den ersten Stein. Wenn du es mit der Bibel nicht so ernst nimmst, gibt es aber auch noch das schöne alte Sprichwort, der Klügere gibt nach. In diesem Fall, stellt der Klügere seine Schuldzuweisungen ein und konzentriert sich auf die eigene Person. Ob du nun der Verursacher oder das Opfer bist, in jedem Fall verspürst du wahrscheinlich den Drang, ihr den Schwarzen Peter zu zuschieben. Unser kleines Ego will so das eigene unantastbare Revier verteidigen. Wir Kerle neigen dann gerne dazu, fein säuberlich aufzuzählen, was sie alles falsch gemacht hat. Es ist schon erstaunlich, welche Fantasie wir entwickeln, um selbst einen Seitensprung mit der Kleinen aus dem Sportstudio vor uns selbst und anderen zu rechtfertigen. Selbst in solch einer glasklaren Schuldlage finden wir noch Fehler bei ihr, die es uns gar nicht erlaubt haben, anders zu handeln. Sie hat unser Verhalten quasi durch ihr Verhalten heraus gefordert, und außerdem hatten wir was getrunken. Wenn du mal ganz ehrlich zu dir selber bist, musst du doch zugeben, dass du wahrscheinlich einen Anteil an dieser Geschichte hast, egal worum es geht oder wer nun diesen ganzen Schlamassel verursacht hat. Wie heißt es doch so schön, es gehören immer zwei dazu. Es ist also völlig nutzlos, nun anzufangen, die Schuld an diesem Debakel zu verteilen, womöglich auch noch ihr überstülpen zu wollen. Du bist doch kein fünfjähriger Bengel, der seiner kleinen Schwester die Schuld für die zerbrochene Vase in die Schuhe schiebt.

Ja aber sie hat doch…

Na und! Selbst wenn sie den Löwenanteil an dieser Misere trägt, wen juckt es? Entweder die gelaufene Geschichte ist so ein Vertrauensbruch gewesen, dass beide nicht verzeihen werden, dann ist die Sache sowieso durch und wenn es doch noch mal was werden sollte, wird es mit aufgestauten Schuldzuweisungen sicher nicht funktionieren. Also begrab schnellstens deinen Groll und komm wieder runter. Ist es nicht viel erwachsener, umgehend auf eine sachliche Ebene zu kommen, statt wie ein trotziges Kind rumzubocken? Darüber hinaus machen diese negativen Gedanken dein Leben in dieser Zeit sicherlich nicht besser, sondern halten dich fest in einem Zustand von Wut und Zorn. Das wird dazu führen, dass du dich keinen Millimeter von der Stelle bewegst und somit keinen noch so kleinen Entwicklungsschritt machst. Findest du die Vorstellung nicht auch viel amüsanter, dass sie vielleicht, wie Rumpelstilzchen von einem Bein aufs andere hüpft und vor Wut kocht?

Ein Freund berichtete mir, bei seinem letzten Gespräch mit seiner damaligen Freundin warf sie ihm vor, sie hätte doch schließlich alles für ihn getan. Wow, was für ein Argument! Moralisch wertvoll, kaum zu Toppen und nicht zu widerlegen. Diesen Standartvorwurf haben wir so oder ähnlich wahrscheinlich alle schon mal zu hören bekommen. Im ersten Moment fühlte er sich auch wirklich schlecht, aber als er zu Hause noch mal in Ruhe über das letzte Gespräch nachdachte, empfand er das Gesagte mehr als lächerlich. Nicht nur, dass solche Schuldzuweisungen gar keinen Sinn machen, darüber hinaus werden häufig auch noch solche gewählt, die inhaltlich überhaupt nichts hergeben, sondern nur den Ankläger aufwerten und den Angeklagten damit abwerten. In seinem Fall gab es doch nichts, zu dem sie sich nicht frei entschieden hatte, denn es hatte sie niemand zu etwas gezwungen. Er sagte, sie klang wie eine frustrierte Hausfrau, die es leid war, nach 25 Jahren Ehe weiterhin die Socken ihres Mannes aufzuheben und keinen Dank zu bekommen. Als ich später über das Gespräch mit ihm nachdachte, fiel mir auf; wenn unterschwellig geforderter Dank ihre Triebfeder war, war ihr Handeln nicht gerade uneigennützig, oder? Sie muss sich ja irgendwas dabei gedacht haben. Nimm dir die Zeit, um die Vorwürfe, die du genannt bekommst, einmal in Ruhe zu prüfen. Du wirst feststellen, dass viel von dem, was aus der Situation heraus gesagt wurde, völlig haltlos ist und in keiner Weise auf dich zutrifft. Es ist immer nur die Wirklichkeit des Einzelnen. Vor allem aber überprüfe deine Argumente, bevor du selber den Mund aufmachst.

Bei dem beliebten Spiel, es ist alles deine Schuld, solltest du dich also einfach auf die Ersatzbank setzen und das Spiel von außen betrachten. Du bist vielleicht verletzt, traurig und deprimiert, aber jetzt den Aschekübel über ihr auszuleeren, macht dich sicher nicht wieder zum Mittelstürmer.

Im nachhinein die Schuld zu verteilen, dient eigentlich nur dazu, die Verantwortung für das Geschehene von sich wegzuschieben und dient demjenigen, der sich trennt, als Rechtfertigung seiner Entscheidung. Häufig sind es eh nur inhaltlose Sprechblasen, um die wahren Motive zu verschleiern oder nicht nennen zu müssen.

Hältst du das für erwachsen?

Ich nicht! Das sind Überbleibsel aus unseren Kindertagen. Ringelpiez mit Anfassen auf Vorschulniveau. Wenn jemand sich also aufführen will wie eine Zwölfjährige, die Limonade aufs Kleidchen bekommen hat, bitteschön, nur musst du auf dieses Kinderspiel ja nicht einsteigen.

Frauen sind wie Zigaretten. Am Anfang ziehen sie gut, aber zum Schluss sammelt sich leider das ganze Gift im Mundstück.

George Bernard Shaw

Ich kenne Menschen, die noch Jahre nach einer Trennung tabellarisch aufzählen konnten, was vorgefallen war und warum der andere verantwortlich für den Schiffbruch war. Als ich meine Praxis eröffnet habe, meldete sich sogar eine Exfreundin nach Jahren wieder. Sie schrieb mir eine Glückwunschkarte und besuchte mich später sogar. Es stellte sich während des Besuches heraus, dass sie die Geschichte von damals immer noch mit sich rumschleppte und sich gemeldet hatte, um noch mal das Gespräch mit mir zu suchen, Hintergründe zu erfragen, um endlich mit der Sache abschließen zu können. Sie hatte die ganze Zeit eine Mordswut auf mich, und du kannst dir sicherlich vorstellen, dass so ein Gedankenrucksack diese Jahre nicht zu den besten gemacht haben kann und schon gar nicht dazu geführt haben kann, dass die nächste Beziehung besser gelaufen ist. Es führt dazu, dass diese Menschen negative Glaubenssätze entwickeln und verfestigen, die sie in ihrem Leben in allen Bereichen ausbremsen. Ein anderes Beispiel erlebte ich, als ich Wochen später nach meiner letzten Trennung einen Bekannten traf. Er berichtete mir, er hätte meine Ex in einer Bar getroffen. Sie erzählte ihm, dass ihr die Trennung schon zu schaffen machen würde, aber ich wäre ja schließlich derjenige, der nicht von seinem Weg abweichen wollte. Wer in diesem Fall die Schuld hatte, war damit klar und darüber hinaus wurde von ihrer Seite schnell noch eine unumgängliche Notwendigkeit für das eigene Handeln erklärt. Die Arme hatte scheinbar gar keine andere Wahl. Ich weiß bis heute nicht, von welchem Weg sie da sprach. Aber scheinbar war auch sie der Meinung, der Fehler wäre bei mir zu suchen. Eine schöne Übung, um sich von Schuldzuweisungen zu lösen, ist es, mal in die Schuhe des anderen zu schlüpfen, sich mal in seine Person hinein zu versetzen. Betrachte die Geschichte mal aus der Sicht deiner Verflossenen. Das beruhigt und erzeugt ein wenig Verständnis für das Gegenüber, auch wenn es erst mal schwer fällt. Vielleicht sind auch ganz andere Umstände die Ursache für ihr

Verhalten. Viele Menschen reagieren völlig unverständlich, weil sie in anderen Bereichen des Lebens Probleme haben und diese nicht lösen können. Da ist es natürlich der einfachste Weg, erst mal das schwächste Glied in der Kette abzutrennen.

Mangelndes Selbstwertgefühl, familiäre Probleme oder der ungeliebte Arbeitsplatz können mögliche Auslöser sein. Es macht also Sinn, die Medaille von der anderen Seite zu betrachten. Eine Übung, die dir übrigens auch in anderen Lebenslagen gute Dienste leisten wird. Es bringt dich schnell auf eine sachliche Ebene und damit bist du letztendlich dem anderen immer einen Schritt voraus. Vielleicht bist du hinterher auch der Meinung, dass es für dich gar nicht so schlecht ist, mal vom Weg abzukommen, bevor du mit ihr ganz auf der Strecke bleibst. Umwege erhöhen übrigens die Ortskenntnis, oder wie Goethe sagte, stolpern fördert.

Also mein Freund, den größten Gefallen, den du dir jetzt selber tun kannst, ist der, sofort alle deine Schuldzuweisungen einzustellen. Begrab deinen Groll, damit du den Kopf für die wesentlichen Dinge frei bekommst. Ein Bekannter von mir sagt sich in solchen oder ähnlichen Situationen immer, wenn Menschen etwas Dummes tun, fällt ihnen im Moment scheinbar nichts Besseres ein.

3. Opferstorys

Nachdem wir zwei Beiden nun die Erkenntnis erlangt haben, dass die Schuldfrage für uns keine Frage mehr ist, bleibt ja Gott sei Dank noch die Option, in die Rolle des armen zurückgelassenen Opfers zu schlüpfen. Wenigstens etwas!

Leider muss ich dir auch diesen Zahn ziehen.

Wenn du in dieser Phase der Trennung ein wenig Selbstmitleid verspürst und dir bei Freunden und Bekannten etwas aufbauende Bestätigung holst, halte ich das für durchaus legitim, denn das hilft einem schon über den einen oder anderen miesen Tag hinweg. Manche Männer übertreiben es aber und konvertieren vollends zu der Spezies Mann, deren Beziehung scheinbar die ganze Zeit ein einziger Opfergang war oder noch ist. Opfer einer jetzt unwilligen Partnerin, die einen nie verstanden hat, gemoppt von ihrer besten Freundin, Zielscheibe einer bösen Schwiegermutter die gegen einen intrigiert hat, ertrugen sie fürchterliches und können hundert Gründe nennen, warum sie eigentlich unschuldig am Scheitern der Beziehung sind. Die Ursachen dafür liegen bei den Anderen oder irgendwo im nirgendwo, es gibt sie ganz bestimmt, nur nicht bei ihnen. Als es aber noch glänzend lief, hätten sie tausend Gründe nennen können, warum gerade sie es sind, die den Erfolg durch ihr beherztes Dazutun verursacht haben. Wenn es Probleme gab, war es der andere, mit dem man nicht reden konnte, der immer gleich eingeschnappt war oder der einen einfach nicht verstand oder verstehen wollte. Jetzt muss man auch noch für eine Sache bluten, für die eigentlich „Die Anderen" verantwortlich sind, meistens auch noch nach dem Motto, wenn zwei das Gleiche tun, ist es noch lange nicht dasselbe.

Wenn diese Herren zum Beispiel auf alles und jeden eifersüchtig sind, finden sie haufenweise Gründe, die ihr besitzergreifendes Verhalten rechtfertigen. Wenn sie es ist, die mit Argusaugen sein Treiben überwacht, ist ihr Verhalten völlig überzogen. Bei einem Seitensprung ihrerseits hat sie ihn arglistig hintergangen und betrogen, bei seinem Ausrutscher mit der Maus aus dem Sportstudio, war die Beziehung sowieso schon in einer tiefen Krise, ist es doch nur Sex gewesen und außerdem war man voll wie eine Haubitze. Es ist die verzweifelte Rechtfertigung von Dingen, die man selbst nicht im Griff hatte, aber die Schuld liegt eindeutig bei ihr und verantwortlich sind alle anderen, die Mondphasen, das Schaltjahr, die Klofrau oder Ernie und Bert. Im Endeffekt aber sind das nur billige Entschuldigungen für die Dinge, die man bei Zeiten zu tun versäumt hat. Dass die Wirklichkeit anders aussieht, dass man die Wahl hatte und häufig sogar mehr als zwei Optionen zur Verfügung standen, wird dann gerne unterschlagen. So verfängt man sich in einer eigenen Version der Dinge und streift sich schnell noch das Büßergewandt über. Dabei bringen manche Burschen die Story so überzeugend, dass sie das Gesagte am Ende auch noch selber glauben. Es beginnt immer irgendwie mit einer entlastenden Sprachfloskel und endet in einer Opferstory, die einem das Tränenwasser in die Augen treibt.

Ich war doch betrunken …
Aber ich hab doch …
Wenn ich gekonnt hätte …
Mir ist die Hand ausgerutscht …
ich wollte doch nur …
Wenn sie nur ein einziges Mal …
Es ging nicht weil …
Aber sie ist doch immer gleich …

Wunderbar, wenn sich dann noch Menschen finden, die andächtig nicken und ihnen bei ihrem Opfergang auch noch das Händchen halten.

Ich hoffe, du gehörst nicht zu den Männern, die in der jetzigen Situation in Selbstmitleid zerfließen, ausgiebig in ihrem Schmerz baden und sich vielleicht von anderen noch die Seife reichen lassen. Ich kann dir versichern, das einzig Positive am Jammern ist die Tatsache, dass man sofort jemanden findet, der mit in das Wehklagen einstimmt. Das scheint auch irgendwie so gewünscht, um sich bei jeder Art von Beziehungsstress möglichst viele Verbündete zu schaffen, die einen darin bestätigen, dass es auch wirklich so ungerecht zugeht, wie man es empfindet. Wenn einem sonst nichts einfällt, was in einer solchen Situation zu tun wäre, dann gute Nacht Marie.

Arm sind diejenigen, die immer irgendetwas haben müssen, weil sie sonst nichts haben würden.

unbekannter Verfasser

Ich kenne Männer, die plötzlich mit Leuten verkehrten, die sie vorher nicht mit dem Hintern angesehen haben, aber die in einer solchen Lebensphase auf einmal die tollsten Freunde waren. Plötzlich hockten sie Abende lang mit den merkwürdigsten Menschen zusammen, um ihr Thema lang und breit zu zerreden und um sich Bestätigung und Mitleid abzuholen. Nicht selten führt so ein ausgeprägtes Opferbewusstsein sogar soweit, dass derjenige selbst der Putzfrau in der Firma oder den Wartenden an der Bushaltestelle seine Geschichte erzählen würde, wenn in der Unterhaltung nur das richtige Stichwort fällt, um einhaken zu können. Im günstigsten Fall haben sich dann zwei arme Schweine gefunden und nachdem der willige Zuhörer in allen Details an dem Drama teilnehmen durfte, nutzt dieser neue Seelenverwandte seinerseits noch schnell die günstige Gelegenheit, um eine eigene, schmerzliche Trennungsversion vorzutragen. Damit schließt sich dann der Kreis aus Mitleid, Verständnis und gegenseitigen Bestätigungen und man kann nun zu zweit noch ein wenig länger an der Klagemauer hocken bleiben. Hat man doch endlich jemanden gefunden, dem es genauso schlecht geht oder ging, der einem das Gesagte kritiklos glaubt und von dem man den erhofften Zuspruch erhält. Wer einem da übers Haupthaar streichelt ist häufig nicht so wichtig, Hauptsache man bekommt überhaupt ein wenig Trost für die geschundene Seele.

Ich selber habe einmal einen Abteilungsleiter erleben dürfen, der seine ganze Abteilung zusammen gerufen hat, um vor versammelter Mannschaft weinerlich zu verkünden, dass sich seine Frau wegen eines anderen von ihm getrennt habe, dass er jetzt Medikamente gegen

Depressionen nehmen müsse und sich in therapeutischer Behandlung befinde. Es mag sein, dass er mit dieser Offenbarung einfach nur erklären wollte, warum er teilweise neben sich stand, aber in diesem Fall ging das Gejammer eindeutig zu weit und gründlich nach hinten los. Einige Untergebene wurden im Anschluss immer wieder von ihm ins Vertrauen gezogen und ständig mit den aktuellsten Opferstorys versorgt, wie mies sich seine Frau verhalte, dass der Neue ein Spinner sei, sie die Kinder vernachlässige und dass alle ihm fürchterlich unrecht tun würden. Die Eingeweihten hatten natürlich nichts Besseres zu tun, als die gehörten Geschichten an den Rest der Belegschaft weiterzugeben. Es dauerte somit nicht lange und er war das Thema der Woche und die ganze Firma hat nur noch über ihn gelacht. Dass er einer der Vorgesetzten war, der sich im Vorfeld nicht im Mindesten um die Probleme der Untergebenen gekümmert hatte, gab dem Ganzen noch eine zusätzlich peinliche Note.

Wenn du also Ansätze bei dir verspürst, mit einer Opferstory Verbündete um dich zu scharen, überleg dir bitte sehr genau, ob das Geheule wirklich Not tut, wem du die Ohren volljaulst und was dir so eine Mitleidsseilschaft und der gemeinschaftliche Abstieg ins Jammertal überhaupt bringt. Ich behaupte, es wird dich nur noch weiter runter ziehen und spätestens dann bist du wirklich ein ganz armes Schwein.

Aber das hab ich doch wirklich nicht verdient! Nein?

Wenn du das glaubst, hast du scheinbar eine ganz entscheidende Tatsache übersehen, nämlich die, dass du dich damals für diese Geschichte entschieden hast. Ich gehe davon aus, dass dich niemand gezwungen hat, mit dieser

Frau eine Verbindung einzugehen. Vielleicht standen damals sogar mehrere Optionen zur Wahl. Möglicherweise hast du die kritischen Stimmen deiner Bekannten damals auch nicht hören wollen. Womöglich hast du schon sehr früh gewusst, dass es mit einigen Dingen Probleme geben könnte, und du hättest gehen können, als der Preis noch verhältnismäßig gering gewesen wäre. Ich glaube auch nicht, dass dich jemand geschubst hat und du unverschuldet in die, rein zufällig vor dir liegende Nachbarin gefallen bist. Für was auch immer, du hast dich dafür entschieden und damit auch dafür, dass es in die Hose gehen kann. Nun ist es schief gelaufen und es ist ziemlich erbärmlich, jetzt das zurückgelassene Opfer zu mimen. Nur all zu gerne verfangen wir uns in der These, keine Wahl gehabt zu haben. Aber du hattest die Wahl und zwar zu jedem Zeitpunkt dieser Beziehung. Du hattest die Möglichkeit etwas zu tun, etwas zu unterlassen, etwas zu verändern oder dich ganz anders zu entscheiden. Es war ohne weiteres möglich, dich zu hundert Prozent in deine Beziehung reinzuknien, ihr klar zu sagen, was du willst und was nicht, die Dinge, die ihr wichtig waren, ernst zu nehmen oder zum Beispiel die Finger vom Alkohol oder anderen Frauen zu lassen. Vielleicht bietest du jetzt alles Mögliche auf, um deine Wahlfreiheit weg zu vernünfteln, aber was auch immer dir jetzt als entlastende Entschuldigung einfällt, es gibt keine geheime Verschwörung gegen dich mit dem Namen, „Die Anderen". Wenn du jetzt glaubst, ein Opfer der Umstände oder böser Mächte zu sein, dann irrst du dich gewaltig. Wenn überhaupt, dann bist du das Opfer der Dinge, die du durch deine Untätigkeit oder dein Handeln geschaffen hast. Vielleicht erschien dir der

Preis häufig einfach zu hoch, um etwas zu verändern, jetzt musst du ihn zahlen und zwar mit den anfallenden Zinsen. Das Einzige, was dir jetzt hilft, ist die Einsicht, was auch immer es war, ich habe es so gewollt, es hat nicht funktioniert und jetzt geht es für mich da lang.

Mein Vater pflegte immer zu sagen:" Mein Junge, du kannst den größten Mist bauen, du kannst alles tun und alles sagen, aber du musst auch den Arsch in der Hose haben, um die Konsequenzen zu tragen".

4. Schmutzige Wäsche

Ich denke, wir können es in diesem Kapitel sehr kurz machen. Noch erbärmlicher als das Opferlamm zu spielen ist es nun schmutzige Wäsche zu waschen oder sich Gedanken zu machen, jemandem irgendwann, irgendwo etwas heimzahlen zu wollen.

Rache bedeutet das Eingeständnis einer Kränkung.

Lucius Annaeus Seneca

Selbst wenn dir von deiner Ex wirklich übel mitgespielt wurde, zeig einfach Größe und lass dich nicht auf so ein Niveau herab.

Rangel dich nie mit einem Schwein. Ihr werdet beide schmutzig. Aber das Schwein mag das.

Willy Meurer

Alles, was du sagst oder tust, fällt irgendwann auf dich zurück und dann bist du vielleicht am Ende das kleine, gemeine, hinterhältige Schwein. Also, vergiss es!

5. Chronische Unruhe

Fällt es dir ein wenig schwer dich zu konzentrieren? Hast du das Gefühl irgendwie nicht mehr im Hier und Jetzt zu sein? Wenn du schon das zweite Mal diese Woche bei deinem Chef antanzen musstest, weil die Ware an den falschen Kunden gegangen ist, bist du wohl in Gedanken mehr bei ihr als dort, wo du dich befindest. Wahrscheinlich überfällt dich auch zu Hause diese Unruhe, die selbst den flachesten Film zu einer Konzentrationsübung macht. Das ist ein sehr unschöner Zustand, zumal er häufig sofort beginnt, wenn man morgens die Augen aufgeschlagen hat oder sogar schon mitten in der Nacht. Es ist die Mischung aus Zorn, Unverständnis, Kontrollverlust und den Dingen die man dem anderen noch gerne sagen würde. Ab einem bestimmten Zeitpunkt gibt es aber nun mal nichts mehr zu sagen, nur wollen verlassene Männer das leider immer nicht so recht wahrhaben. So wird viel Zeit damit verbracht, darüber nachzudenken, wie man trotzdem in ihrer Nähe bleiben kann, eine Verbindung zu ihr bestehen bleibt, obwohl bei ihr dafür mittlerweile so gar kein Bedarf mehr besteht. Erinnerst du dich? Sie ist doch auch schon länger gedanklich mit der Geschichte durch und somit ist für sie auch alles gesagt. So emotional aufgewühlt und ohne Gesprächspartner tigert man nun durch die Wohnung und weiß nicht so recht, was man mit sich anfangen soll. Ein homöopathisches Beruhigungsmittel würde sicherlich Wunder wirken, nur ist es uns Männern doch irgendwie peinlich, den Apotheker dafür mitten in der Nacht rauszuklingeln. Wie gut, dass es Tankstellen gibt, die auch nachts geöffnet haben, denn zwei Flaschen Rotwein beruhigen schließlich auch. Noch schnell eine Schachtel Zigaretten mitnehmen, und die Therapie kann beginnen. Im günstigsten Fall bist du nach einer Flasche Rotwein und ein paar Zigaretten auf dem Sofa eingeschlafen. Wenn es schlecht läuft, grübelst du noch mehr als vorher. Dass Alkohol keine Lösung ist, weiß normalerweise jedes Kind. Aber was ist in solchen Lebensphasen normal? Nichts ist mehr normal und was noch viel schlimmer ist, nun ist einem auch noch alles egal.

Wer eine unglückliche Liebe in Alkohol ertränken möchte handelt töricht, denn Alkohol konserviert.

Max Dauthendey

Dieser alkoholschwangere Gefühlsmix treibt viele Kerle zu den merkwürdigsten Handlungen. Selbst Männer, denen der Sonntagsspaziergang immer ein Greuel war, kommen in dieser Situation häufig mehr vor die Tür als ihnen lieb ist und das auch noch zu den ungemütlichsten Tageszeiten. Wenn sie dich verlassen hat, suchst du jetzt bestimmt nach den wahren Gründen, von denen du glaubst, dass sie, sie dir wahrscheinlich nicht genannt hat. Ob du sie draußen vor ihrer Tür findest, kann ich dir nicht sagen. Leider neigen wir Männer oft dazu, uns die schlimmsten möglichen Szenarien auszumalen. In unserer Fantasie liegt unsere Holde schon nach wenigen Tagen in den Armen eines anderen, denkt nicht mehr an uns und schon gar nicht daran zurückzukommen. Deshalb müssen wir auch unbedingt ab und zu auf einen Spähtrupp gehen, meistens durch die Straße, in der sie lebt, und das Aufklärungsziel ist immer das Haus, in dem sie wohnt. Brennt bei Ihr Licht? Schläft sie überhaupt zu Hause? Wem gehört das fremde Auto vor ihrer Haustür? Im schlimmsten Fall stehst du die halbe Nacht vor ihrer Tür, rauchst eine Zigarette nach der anderen, um dann festzustellen, es passiert gar nichts.

Das Licht geht irgendwann aus, der Wagen steht die ganze Nacht dort und am Morgen weißt du immer noch nicht, wem er gehört, ganz zu schwiegen davon, ob sie überhaupt zu Hause war. Für diesen überaus gemütlichen Abend im Freien hast du den Film mit Bruce Willis verpasst, den du eigentlich sehen wolltest, hast eine Verabredung platzen lassen und kommst zu allem Überfluss morgens auch nicht aus dem Bett. Ein Bekannter, den ich zu diesem Thema befragt habe, erzählte mir, als er bei seinem letzten Liebeskummer derartigen Masochismus an den Tag legte, musste er sich sogar einmal krank schreiben lassen. Der Gute hatte bis morgens wie Sherlock Holmes ihr Haus überwacht und die gelungene aber ergebnislose Aktion im Anschluss noch mit einer halben Flasche Wodka gekrönt. Er war dann so übermüdet, dass er nicht zur Arbeit fahren konnte. Der Vorteil der Krankschreibung aber war, er konnte den Rest der Woche auch noch Wache schieben. Dass er hinterher genauso schlau war wie vorher, kannst du dir sicherlich denken. Du solltest dich also zum einen ernsthaft fragen, was ziehe ich an, damit ich mir da draußen nicht den Tod hole und zum anderen, was bringen mir solche und ähnliche Aktionen?

Es bringt dir nichts. Selbst wenn du das Auto als das deines Nebenbuhlers entlarvst und dieser sich gerade mit ihr in den Kissen wälzt, ändert dies nichts an den Tatsachen. Du stehst im Kalten und er sitzt oder liegt im Warmen. Was willst du in diesem Falle tun? Willst du bei ihr Sturm klingeln und dich lächerlich machen, seine Reifen zerstechen oder ihm womöglich zeigen, wer den härteren Haken schlägt?

Ich denke, nichts von dem ist angebracht. Zum einen könnte dir eine solche Aktion eine Menge rechtlichen Ärger einbringen, zum anderen finanzierst du mit deinem Schmerzensgeld, das du sicherlich zahlen wirst, den nächsten Liebesurlaub der beiden Turteltauben auf den Malediven. Außerdem habe ich noch nie von einer Frau gehört, die sich von diesem Verhalten positiv beeindrucken ließe. Wenn es ganz dumm läuft, bist du es, der nach einer Konfrontation aus Platzwunden blutend auf dem Gehsteig liegt. Herzlichen Glückwunsch, super Idee! Ich rate dir also dringend von solchen oder ähnlichen Vorhaben ab. Wenn du also vorhast, deine Schlaflosigkeit durch ausgedehnte Spaziergänge zu bekämpfen, sollten diese nicht unbedingt in ihre Richtung führen. Wenn du dich doch zufällig dorthin verirrst, was eher wahrscheinlich ist, registriere, was du vorfindest und geh wieder nach Hause. Sollte sich das bestätigen, was du insgeheim schon vermutet hast, kannst du jetzt beruhigt einen Haken hinter die Geschichte machen. Wenn sie dich einfach ausgetauscht hat, gehört sie doch eh nicht mehr zu dem Kreis von Frauen, denen man bedingungslos vertraut und mit der man eine Zukunft planen könnte.

Der Mensch jagt nach Rätseln – und kaum hat er die Auflösung entdeckt, so ärgert er sich über sich selbst

Ludwig Tieck

Wie schon erwähnt, werden solche oder ähnliche Aktionen von uns Kerlen häufig erst nach einer Flasche Wein oder einigen Bieren durchgeführt und ganz große Schlauberger nehmen gleich das Auto, um Zeit zu sparen. Ich warne eindringlich davor. Mal abgesehen von der Gefährdung anderer Männer, die ihre Ex zu Fuß observieren, wärst du auch nicht der erste Depp, der bei einer solchen, völlig sinnlosen Nachtpatrouille seinen Führerschein verliert. Ich bin bei einer solchen Aktion nach dem Genuss eines Sechserpacks mal stumpf in eine Polizeikontrolle geraten. Ich war nur schlappe dreihundert Meter weit gekommen und es war nur der relativ frühen Tageszeit und einem Fishermans Friend zu verdanken, dass ich danach nicht ein paar Wochen zu Fuß gehen musste. Das ist die Neugier nun wirklich nicht wert. So haben schon viele Männer, die ihren Führerschein beruflich benötigten ihren sozialen Abstieg eingeleitet. Ich kenne Burschen, die im Anschluss an den Führerscheinverlust den Job verloren, dann die Wohnung und jetzt von Sozialhilfe leben. So eine Karriere solltest du nicht mal für die göttlichste Frau riskieren. Übrigens, ohne Führerschein, Job und Wohnung bist du auch für die meisten anderen Frauen nicht gerade interessant.

Deshalb ein kleiner Tipp. Prüfe für dich die Möglichkeit, gar keinen Abstecher in ihre Richtung zu machen, sie nicht ständig irgendwo abzupassen, sie zu überwachen oder ähnlich dramatische Dinge zu veranstalten. Wir hatten uns doch auch im ersten Kapitel darauf geeinigt, dass es besser ist, ganz aus ihrem Dunstkreis zu verschwinden, oder? Lass sie einfach in Ruhe. Die Vorteile liegen auf der Hand. Es erspart dir eine Menge Denkarbeit, denn in solchen Situationen interpretiert „Mann" viele Dinge falsch, und es gilt nach wie vor der alte Spruch, „was ich nicht weiß, macht mich nicht heiß". Letzteres ist von Vorteil, wenn sich die Sache doch noch wieder zum Guten wendet, denn dann gibt es hinterher keine unnötigen Dinge, die besprochen werden müssen.

Zu viel Vertrauen ist häufig eine Dummheit, zuviel Misstrauen immer ein Unglück.

Jean Paul

Mein Opa fügte dem immer noch hinzu, „schön locker bleiben Junge, eine Frau nutzt doch nicht ab wie ein Stück Seife". Dass du dir im Gegenzug die Zeit bis zur eventuellen Versöhnung weiterhin mit der Kleinen aus dem Sportstudio vertrieben hast, sollte dann übrigens auch nicht mehr angesprochen werden.

6. Akku leer

So ein Waldlauf am Sonntagmorgen ist doch wirklich etwas Feines. Man ist früh wach, ist voller Energie und hat was vom Tag. Im Anschluss noch über einen Flohmarkt bummeln, dann eine Kleinigkeit essen und ab aufs Sofa und den Film schauen, den man gestern Abend aufgenommen hat. Pünktlich um 19:30 Uhr sitzt man dann beim Italiener und lässt das Wochenende mit Freunden gemütlich ausklingen.

Ach, du bist noch gar nicht aufgestanden? Dir fehlt sogar die Energie, zum Bäcker zu gehen und Brötchen zu holen, geschweige denn, die Zeitung aus dem Briefkasten zu ziehen?

Deine Bude sieht aus wie ein Saustall und die saubere Wäsche wird langsam knapp? Keine Motivation für die einfachsten Tätigkeiten und selbst Dringendes bleibt liegen? Ok, ist momentan verständlich, völlig in Ordnung und normal, sollte aber nicht zu einem wochenlangen Dauerzustand werden. Du hast nichts davon, wenn du dich jeden Abend einschließt, deine Wohnung oder dich selbst vernachlässigst und das gesamte Wochenende im Bett verbringst. Obwohl einige Therapeuten sagen, dass eine verletzte Seele genauso heilen muss wie ein gebrochener Arm, solltest du es mit dieser Art von Genesung nicht übertreiben. Gedanken kann man sich schließlich auch machen, wenn man aktiv bleibt.

Auch wenn du mit dem Kopf nur bei deiner Verflossenen bist, ist es notwendig, den Hintern schnell wieder hoch zu nehmen, denn Energie wird nur freigesetzt, wenn es eine Initialzündung gibt. Es ist genau wie bei deinem Auto, wenn du den Schlüssel nicht rumdrehst, passiert gar nichts.

Weißt du was ein Perpetuum Mobile ist?

Das ist eine Maschine, die einmal in Gang gesetzt, durch Eigenenergie nie mehr zum Stillstand kommt und damit unendliche Energie liefern kann. Generationen von Gelehrten und Technikern tüfteln seit Jahrhunderten, um so eine Maschine zu bauen. Wirklich gelungen ist es wohl nie, aber selbst wenn, auch so eine Maschine benötigt wenigstens einmal den nötigen Energieschub, um anzulaufen.

Du kennst sicherlich dieses Kugelspiel, das in den Achtzigern auf keinem Schreibtisch fehlte. Wenn man auf der einen Seite die an Fäden hängende Kugel anhob und losließ, prallte sie auf die in der Mitte ruhig hängenden Kugeln und auf der anderen Seite schnellte die äußerste Kugel empor. Wenn diese wieder runter kam, hob sich die erste Kugel durch deren Aufprall wieder und so ging es dann hin und her. Das war auch sehr nett anzuschauen, nur das Klacken nervte irgendwann gewaltig.

Was ich dir damit sagen will?

Dein Hintern ist die Kugel und diesen musst du wenigstens einmal anhieven, damit überhaupt Energie freigesetzt werden kann.

Entschlossenheit im Unglück ist der halbe Weg zur Rettung.

Johann Heinrich Pestalozzi

Wenn du dich nicht bewegst, wird auch nichts passieren, dann wirst du weiter in deiner Bude hocken und Trübsal blasen. Wenn du möchtest, dass sich wieder etwas tut, musst du aus den Sträuchern kommen und das wird dir niemand abnehmen können.

Ich habe aber zu gar nichts Lust und außerdem, was soll ich denn tun?

Nun, zum Beispiel die Dinge, die du schon immer mal tun wolltest, aber aus Mangel an Gelegenheiten nicht getan hast.

Jetzt mal Hand aufs Herz! Wie oft hast du dich in der Zeit mit ihr aus der einen oder anderen Situationen fortgewünscht, weil du lieber andere Dinge tun wolltest.

Der überflüssige Kaffeeklatsch am Sonntag bei den Schwiegereltern, an dem du lieber Fußball gespielt hättest. Diese oberlangweiligen Spieleabende mit ihren Bekannten, für die du regelmäßig deine Kumpels versetzt hast oder der öde Dänemarkurlaub, für den du eine Raftingtour in Österreich sausen ließt. Außerdem war da die Abendschule, um beruflich weiterzukommen, die du nicht angefangen hast, weil du keine Zeit mehr für sie gehabt hättest und das Motorradtreffen in Holland, das du lieber gar nicht erst erwähnt hast, weil sie bestimmt nicht begeistert gewesen wäre.

Ich habe jetzt eine gute Nachricht für dich. Das kannst du jetzt alles tun. Die Zeit, die du damals nicht hattest oder dir nicht genommen hast, steht dir jetzt voll zur Verfügung, um alles zu tun, was du möchtest. Darüber hinaus kenne ich einen ganzen Haufen Männer, die dich um diese vielen Möglichkeiten beneiden würden.

Du wolltest dreimal die Woche zum Sport gehen?

Auf geht's! Du wolltest das Fernstudium beginnen? Fang an! Du könntest die B-Jugend deines Fußballvereins trainieren? Worauf wartest du?

Du könntest natürlich auch weiterhin darauf warten, dass jemand kommt, um dich an die Hand zu nehmen, jemand, der für dich die Dinge ins Rollen bringt. Sozusagen der Retter, auf den wir ja alle immer gerne warten, wenn es uns schlecht geht oder unbequeme Entscheidungen anstehen.

Glaub mir mein Freund, niemand kommt, niemand interessiert sich dafür, was du gerne tun würdest und niemand schiebt dir eine Batterie in den Hintern, nur damit du loslegen kannst.

Ein ganz großes Problem ist es, dass die meisten Menschen glauben, die Energie, die uns antreibt, müsse von außen kommen. Andere Menschen müssten irgendwelche Voraussetzungen erfüllen, Umstände und Gelegenheiten müssten eintreten, damit wir handeln können.

Viele haben sich schon so an die von außen kommenden Reize gewöhnt, dass sie nicht mal mehr in „normalen"

Lebenssituationen in der Lage sind, sich zu motivieren, geschweige denn eine Lebenskrise handelnd meistern können.

Also mein Freund, es spielt keine Rolle, ob es um ein Beziehungsproblem, den anschließenden Liebeskummer oder etwas anderes geht, wenn du in der Hoffnung auf Besserung ausharrst, kannst du lange warten, es bringt einfach nichts.

Auch ich habe natürlich diesen Zustand von absoluter Lustlosigkeit am Ende einer Beziehung schon mehrfach durchlebt und immer wieder festgestellt, gute Vorsätze sind das eine, sie umzusetzen etwas ganz anderes.

Ich habe dann immer zu einem kleinen Trick gegriffen. Ich habe mich einfach von jemandem in die Pflicht nehmen lassen. Ich habe mir etwas gesucht, das ich im Anschluss nicht einfach wieder canceln konnte. So hat mir ein guter Bekannter in so einer Situation einmal eine Trainerausbildung angeboten, damit ich anschließend für ihn in diesem Bereich Kurse übernehmen konnte. Ich sagte zu, stand somit bei ihm im Wort und es gab kein zurück mehr, ohne damit einen massiven Gesichtsverlust in Kauf zu nehmen. Damit war das Abhängen zu Hause vorbei, denn dreimal die Woche standen fünfzehn neugierige Kursteilnehmer vor mir und erwarteten, dass ich gut drauf bin und die Kurseinheit ein Erlebnis wird. Durch diese Entscheidung hatte ich drei Fliegen mit einer Klappe erschlagen. Zum einen gab es keinen Schweinehund mehr, der mich zurückhielt, denn ich hatte pünktlich zu erscheinen, zum anderen bekam ich so selber die nötige Bewegung und darüber hinaus wurde ich dafür auch noch bezahlt. Ganz zu schweigen davon, dass ich in dieser Zeit keine Gelegenheit mehr zum Grübeln hatte.

Ein Freund von mir, nahm in so einer schwierigen Lebensphase mal einen Job als Pizzabote an. Er sagte, heulen und bedauern kann ich mich auch in meinem Auto.

Ganz nebenbei erwähnt hat er dort eine süße Pizzabotin kennen gelernt und nachdem die beiden genug Pizzen ausgeliefert hatten, haben sie gemeinsam einen eigenen Lieferservice eröffnet.

Ein anderer Bekannter von mir bot sich spontan bei der Firmenleitung seines Konzerns an, als es darum ging, wichtige Kunden außerhalb der normalen Arbeitszeiten zu betreuen. Dieser Zusatzjob, auf den er eigentlich gar keine Lust hatte, der auch nicht bezahlt wurde, der nur dazu diente, seine lähmende Hängepartie zu beenden, entpuppte sich im nachhinein als Glücksfall. Mit dem Know-how, das er sich aneignete und den Kontakten, die er pflegte, machte er sich selbstständig und organisiert nun Messen und Wirtschaftstagungen. Darüber, wie viele hübsche Hostessen er zum Essen ausgeführt hat, schweigt er und lächelt nur verschmitzt.

Du siehst, sich regen bringt nach wie vor Segen. Pack irgendwas an, besorg dir einen Nebenjob, trainiere die ganz Kleinen in deinem Verein oder versprich deiner achtzigjährigen Nachbarin, ihr bei ihrem täglichen Einkauf zu helfen. Wenn du glaubst, du kommst von alleine nicht wieder auf die Füße, lass dich für irgendwas in die Pflicht nehmen und sorge einfach dafür, dass dir jemand Beine macht, wenn es nicht läuft. Das machst du einfach so lange bis die Energie etwas anzupacken wieder aus dir kommt.

Sei versichert, die kleinen Erfolgserlebnisse, die du haben wirst, werden dich sehr schnell dorthin bringen. Wenn du diese Sache noch beschleunigen willst, empfehle ich dir den Motivationsturbolader einzuschalten. Adrenalin ist das Zaubermittel, das dich richtig schnell nach vorn bringt. Sollte dir also so gar nichts einfallen, ist ein Bungeesprung vom Fernsehturm oder ein Fallschirmtandemsprung genau das Richtige. Wer sich danach nicht fühlt wie ein Prinz, der hat wirklich nicht alle Zacken in der Krone. Das ist zugegebenermaßen eine ganz schöne Radikalkur, aber gibt dir richtig Power, nicht nur für ein paar Tage sondern für einige Wochen. Wer sich zu so was überwinden kann, bekommt auch alles andere wieder auf die Reihe. Dann heißt es für dich wieder, beam me up Scotty, Energie …jetzt.

7. Männerspielereien

Dass wir Männer triebgesteuerte Wesen sind, brauche ich dir wohl nicht zu sagen. Selbstverständlich würden wir das nie offen zugeben, aber im Prinzip hat sich da bei uns in den letzten 25.000 Jahren nicht viel geändert. Ich würde sogar behaupten, viele Männer gehen nur eine feste Beziehung ein oder halten an dieser fest, damit die lästige Jagd am Samstag abend ein Ende hat. Darüber hinaus mögen wir Männer natürlich auch das Umsorgtwerden von einer Frau. Ob das Elke, Marion oder Uschi macht, spielt häufig eine untergeordnete Rolle. Das führt sehr oft dazu, dass wir uns in solchen Phasen, in denen die Fürsorge weggebrochen ist, gerne und vor allem schnell wieder in die nächste Sache stürzen. Nicht weil wir uns gleich wieder verlieben, sondern weil wir nicht alleine sein wollen, jemanden brauchen der uns anhimmelt, Bestätigung gibt und weil regelmäßiger Sex für einen Mann einfach zum Leben dazugehört. Wenn die „Neue" auch noch ein heißer Feger ist, um so besser. Das muss auch nicht immer falsch sein, denn vielleicht wird auch etwas sehr Schönes daraus, in jedem Fall sollte man aber aus der letzten Geschichte etwas gelernt haben. Ich hatte nach meiner letzten Trennung sehr schnell wieder eine süße Größe 36 vor meinem Kamin liegen. Sie sah gut aus, war wesentlich jünger als meine Ex, hatte eine tolle Figur und war einfach nur lieb und vor allem allzeit bereit. Wenn sie bei mir war, zelebrierte ich den Abend wie ein Fest. Kamin, Rotwein, Kerzenlicht, Massageöl und…..na ja, den Rest kannst du dir sicherlich denken. Diese Inszenierung führte dazu, dass sie gar nicht verstand, dass so ein toller Mann wie ich keine Freundin hatte und sie sich total in mich verliebte. Dass meine Verflossene mir erst vor kurzem den Laufpass gegeben hatte, weil ich für sie wohl nicht so toll war, hab ich ihr natürlich nicht gesagt. Vielleicht hätte sie auch besser den Leitsatz für Frauen beherzigen sollen. Irgendwo auf der Welt gibt es immer eine Frau, die einen Grund hatte, diesen Mistkerl zu verlassen. Sie glaubte nun, nach all den Nieten das große Los gezogen zu haben. Auch wenn es meinem Ego in dieser Situation natürlich unheimlich auftrieb gab, fair ist etwas anderes. Wenn ich mit ihr im Bett lag, war ich im Gedanken bei meiner Ex. Nachts, wenn sie neben mir schlief, lag ich wach und habe mich gefragt, was mache ich hier eigentlich? Morgens erfand ich dann irgendwelche Termine, die es nötig machten, dass sie meine Wohnung möglichst schnell verließ. Als sie mir dann noch in einem lauschigen Moment erzählte, ihr letzter Freund, dieser Dummkopf, hätte sich von ihr getrennt, weil er noch an seiner Exfreundin hing, hätte ich mich fast an meinem Rotwein verschluckt. Dass der Ärger vorprogrammiert war, kannst du dir sicherlich denken. Wenn du also vorhast, dir deine Zeit kurzfristig mit einer neuen Frau zu vertreiben, überleg dir, ob es den Ärger, der wohlmöglich kommen wird, wert ist. In den meisten Fällen erleidet man Schiffbruch, denn das Neue kann ohne die entsprechenden Gefühle schnell seinen Reiz verlieren. Es dient nur dazu, das angeschlagene Selbstwertgefühl aufzupolieren, sich abzulenken und dazu, sich nicht mit sich selber auseinandersetzen zu müssen. Das ist aber die grundlegende Voraussetzung, wenn du dich weiterentwickeln willst.

So locker ich die Dinge hier auch beschreibe, es muss dein Anliegen sein, etwas aus dieser Geschichte, egal wie sie ausgeht, zu lernen. Was nützt dir dieser ganze Trennungsschmerz, wenn für dich nichts dabei rumkommt. Du wirst nichts lernen, wenn du eine Frau durch eine andere ersetzt und stramm deinen Weg, der dich schon einmal scheitern lies, fortsetzt. Das überlass ruhig deiner Verflossenen. Vielleicht hilft es dir, wenn ich dir sage, dass sie mit einem neuen Mann, wenn es denn überhaupt einen gibt, wahrscheinlich auch nur kurzfristig ihre Zeit totschlägt, sich die kleine Seele streicheln lässt, um dann festzustellen, der Richtige ist das auch nicht. Überspitzt kann man schon sagen, wir tauschen nicht den Partner, sondern nur die Probleme. Viele glauben, bei einem Partnerwechsel etwas Besseres und Schöneres zu bekommen. Sie malen sich im Geiste die tollsten Erlebnisse aus und packen dann ihre sieben Sachen, verabschieden sich theatralisch und wachen in einer neuen Situation wieder auf. Und neben ihnen schnarcht das, wovon sie sich getrennt haben. Das grundsätzliche Problem ist, man bringt sich immer wieder selber mit.

Wenn jemand glaubt, im Außen oder bei einem anderen Partner etwas zu finden, was er nicht in sich selber trägt, wird die latente Suche nach dem vermeintlichen Ideal nur dazu führen, dass er sich immer weiter von sich selbst und dem eigentlichem Problem fortbewegt. Dann wird selbst der tollste Partner immer nur zweite Wahl bleiben.

Eine meiner Ehemaligen berichtete mir, dass die Annäherungen der meisten neuen Kandidaten schon im Restaurant gescheitert waren. Der Mann gegenüber roch nicht gut, hatte keine schönen Hände oder Zähne, trug weiße Socken zum Anzug oder ging zum Lachen in den Keller. Wenn es nicht der erste Eindruck war, der alles verdarb, küsste er feucht wie ein Kälbchen oder war später im Bett so gefühlvoll wie ein Holzhacker. Sie sagte, dagegen wäre die Zeit mit mir Gold gewesen. Ob das nur eine freundliche Floskel war, lassen wir mal dahingestellt, aber es zeigt doch, dass es auch mit einem neuen Lebensabschnittsgefährten immer irgendein Problemchen geben wird. Auch zwischen ihr und mir muss es ja Probleme gegeben haben, auch wenn sie mir postum noch die Goldmedaille verliehen hat. Den Idealzustand gibt es nicht, auch wenn du ihn auf die Schnelle bei einer anderen Frau zu finden glaubst. Zum „Ideal" gibt es ein sehr schönes Gedicht von Kurt Tucholsky mit demselben Titel, das ich für sehr lesenswert halte. Es beschreibt sehr schön unsere permanente Unzufriedenheit und unser Anspruchsverhalten.

Das Ideal

Ja, das möchste:
Eine Villa im Grünen mit großer Terrasse,
vorn die Ostsee, hinten die Friedrichstraße,
mit schöner Aussicht, ländlich-mondän,
vom Badezimmer ist die Zugspitze zu sehn,
aber abends zum Kino hast du es nicht weit,
das Ganze schlicht, voller Bescheidenheit.

Neun Zimmer, – nein, doch lieber zehn!
Ein Dachgarten, wo die Eichen drauf stehn,
Radio, Zentralheizung, Vakuum,

eine Dienerschaft, gut erzogen und stumm,
eine süße Frau voller Rasse und Verve
und eine fürs Wochenend, zur Reserve,
eine Bibliothek und drum herum
Einsamkeit und Hummelgesumm.

Im Stall: Zwei Ponies, vier Vollbluthengste,
acht Autos, Motorrad – alles lenkste
natürlich selber – das währ ja gelacht!
Und zwischendurch gehst du auf Hochwildjagd.
Ja, und das hab ich ganz vergessen,
Prima Küche – erstes Essen –
alte Weine aus schönem Pokal
und egal bleibst du dünn wie ein Aal.

Und Geld. Und an Schmuck eine richtige Portion.
Und noch ne Million und noch ne Million.
Und Reisen. Und fröhliche Lebensbuntheit.
Und famose Kinder. Und ewige Gesundheit.
Ja, das möchste!

Aber, wie das so ist hienieden,
manchmal scheints so, als sei es beschieden,
nur pöapö, das irdische Glück.
Immer fehlt dir irgendein Stück.
Hast du Geld, dann hast du nicht Käten.
Hast du die Frau, dann fehln dir Moneten.
Hast du die Geisha, dann stört dich der Fächer,
bald fehlt uns der Wein, bald fehlt uns der Becher.
Etwas ist immer!

Tröste dich, jedes Glück hat einen kleinen Stich.
Wir möchten so viel: Haben. Sein. Und Gelten.
Dass einer alles hat: das ist selten.

Fassen wir einfach mal zusammen.

Du kannst deine momentane Einsamkeit durch eine nette Affäre kaschieren, aber nach kurzer Zeit birgt es die Gefahr, dass du wahrscheinlich feststellen wirst, ist ja ganz nett, aber nur Beschäftigungstherapie. Ein gutes Buch würde dich sicherlich weiterbringen, nur tragen Bücher leider keine halterlosen Strümpfe und himmeln einen auch nicht an. Ob du dich also in der jetzigen Situation für ein wenig zwischenmenschlichen Zeitvertreib entscheidest, bleibt dir überlassen. Nur solltest du die Verantwortung für die Dinge, die du lostrittst, auch übernehmen. Du trennst dich später nämlich nicht von einem alten Gebrauchtwagen, sondern von einem Menschen, dem du Hoffnung gemacht hast. Du kannst eine ganze Menge in ihm zerstören, wenn du nur mit jemandem rumspielen willst, um dein kleines Ego zu bedienen. Darüber hinaus ist eine Lüge nicht nur eine Lüge, wenn du die Unwahrheit sagst, sondern auch, wenn du wesentliche Dinge verschweigst, die dem anderen die Möglichkeit geben, sich anders zu entscheiden. Wie du dir sicherlich vorstellen kannst, ist es auch sehr unvorteilhaft für dich, wenn deine Exfreundin auf einmal doch wieder vor der Tür steht und dir sagt, dass sie dich vermisst und dein Betthase hat sich für das Wochenende angekündigt. Dann kommst du ganz schön ins Rotieren.

8. Selbstrefflektion

Eine zugegebenermaßen erst mal lästig erscheinende, aber notwendige Sache, die du unbedingt sofort nach einer Trennung oder in einer Krise tun solltest, ist die Selbstrefflektion.

Diese beginnt immer mit der Frage, welchen Anteil habe ich an der Nummer? Es werden noch eine ganze Menge mehr Fragen zu beantworten sein, wenn du erst einmal angefangen hast, Hintergründe und eigene Verhaltensweisen zu überdenken. Die Frage nach deinem Anteil ist für dich erst mal der eigentliche Dreh- und Angelpunkt. Wenn du dir nicht selber eingestehst, dass du deinen Anteil an der Geschichte hast, für den du voll verantwortlich bist, dann wird es keine wirkliche Entwicklung für dich geben. Sicherlich machen wir Männer generell nichts falsch, versteht sich doch von selbst. Schließlich glauben wir doch alle, dass bei den Dummen schon im Kreißsaal der Pimmel abfällt, wenn es den Klaps auf den Hintern gibt. Aber an so ein bisschen Verantwortung können wir zwei uns doch mal ranwagen, oder? So bescheiden dir die momentane Situation auch erscheinen mag, es ist auch eine Chance, nun alte Verhaltensmuster endlich mal aufzubrechen und zu verändern, damit die Sache nicht immer wieder in die gleichen Schienen läuft. Weder mit deiner Ex, falls sich diese Variante noch mal ergibt, noch in einer neuen Beziehung. Dazu ist es nötig, dass du wirklich ehrlich zu dir bist. Ein Mensch namens Pancoast hat mal gesagt, die Wahrheit ist befreiend, aber zuerst kotzt sie dich an.

Also, kotz dich ruhig erst mal aus, aber dann beginne dich selber zu hinterfragen.

Wenn es dir gelingt, über dich selber zu Gericht zu sitzen, dann bist du ein wirklich Weiser

Antoine de saint-Exupery

Ja aber war sie es nicht, die mir…

Fängst du schon wieder mit der alten Leier an?

Es geht nicht mehr um ihre Sünden, sondern um deine. Wenn du weiterkommen willst,bleibt dir nichts anderes über als die Verantwortung für das, was immer auch geschehen ist, voll zu übernehmen, deinen Anteil entsprechend zu würdigen, um was daraus zu lernen und dich mit ihrem Anteil nicht länger zu beschäftigen.

Das tut sie wahrscheinlich auch nicht. Im schlimmsten Falle hockt sie jetzt bei ihrer Freundin, die du noch nie ausstehen konntest und lässt sich verbal auf die Schulter klopfen. Wahrscheinlich zerreißen sich die beiden über dich das Maul, fühlen sich dabei ganz groß, aber das war es dann auch. Wenn du jetzt deine Hausaufgaben machst, dich auf die Dinge konzentrierst, die mit dir zu tun haben, wird das dazu führen, dass du ihr in ein paar Wochen gedanklich meilenweit voraus bist. Solltest du sie dann wiedertreffen, ist sie eventuell gar kein Gegenüber mehr für dich. Für inhaltlose Sprechblasen und billige Schuldzuweisungen hast du dann kein Ohr mehr. Dann heißt es, entweder konstruktiv oder gar nicht. Versteh mich bitte nicht falsch, ich habe nichts dagegen, mehrere Versuche mit demselben Partner zu unternehmen, denn man kann auch aneinander wachsen. Aber ein Prozess der Reifung sollte dem vorangehen, und zwar auf beiden Seiten. Es ist niemals nur der andere, der sich ändern muss, sondern in erster Linie du selbst. Du sollst dich dabei nicht für jemanden aufgeben, aber du solltest starre Ansichten ändern und dich davon frei machen, die Schuld, für was auch immer, bei deinem Gegenüber zu suchen. Wenn du mit dem Zeigefinger auf sie zeigst, zeigen immer drei Finger auf dich. Die Frage heißt für dich nicht mehr, „was kann ich dafür", sondern „was kann ich dafür tun". Sieh doch die Sache mal aus einem anderen Blickwinkel. Ihre Entscheidung sich zu trennen und die Dinge die vorher gelaufen sind, haben doch gar keinen Einfluss mehr auf das, was du jetzt für dich regeln musst. Veränderung ist angesagt!

Wie, du musst nichts an dir verändern?

Alles im Universum verändert sich in jeder Sekunde, entwickelt sich weiter und wächst. Das Weltall breitet sich in jeder Sekunde mit Lichtgeschwindigkeit aus und da glaubst du, du müsstest dich nicht mehr weiterentwickeln?

Im 17. und 18. Jahrhundert verdoppelte sich das Wissen der Menschheit ca. alle fünfzig bis achtzig Jahre. Heute verdoppelt es sich alle drei Jahre. Wer sich nicht mehr weiterentwickelt, stoffwechselt nur noch. Das sind die Menschen, die mit 18 gestorben sind und mit 80 beerdigt werden. Das chinesische Schriftzeichen für das Wort Krise besteht aus zwei Teilen. Der eine bedeutet Gefahr, der andere aber sinnigerweise Chance.

Sicher ist es augenblicklich eine deprimierende Situation, das brauchst du mir nicht zu sagen, aber es ist auch eine unheimliche Chance, einen Schritt nach vorn zu machen.

Um nach vorne zu kommen, schau doch einfach mal völlig wertfrei zurück und frage dich, was hab ich getan, dass sich die Situation so entwickelt hat? Frag dich, habe ich alles getan, um mit ihr in einer tollen Beziehung zu leben? Hab ich den Mund aufgemacht, wenn mich etwas gestört hat oder die Dinge lieber in mich hineingefressen? Hab ich auf das gehört, was ihr wichtig ist oder waren die Fußballergebnisse mir immer eindeutig wichtiger? Wann hab ich sie das letzte Mal gefragt, ob es ihr in dieser Beziehung gut geht? Habe ich etwas zu ihrem Leben beigetragen, dass sie vermissen würde, wenn ich nicht mehr da bin, außer der halben Miete, die pünktlich auf ihrem Konto war?

Dir werden sicherlich noch viele solcher Fragen einfallen, aber bitte sachlich bleiben. Es geht nicht darum, jetzt die Schuld bei sich selber zu suchen, sondern darum, objektive, verwertbare Antworten zu erhalten. Diese Antworten sind dein Schlüssel zur Lösung vieler Probleme, die du vielleicht immer wieder in deiner Beziehung hast oder in vorangegangenen Beziehungen hattest. Häufig langt schon ein Funken von Einsicht, um eine Fülle von positiven Veränderungen für sich selbst zu erreichen. Ist dieser erste Schritt erst mal getan, zieht er einen Rattenschwanz von tollen Erkenntnissen nach sich. Dass sich das positiv auf das auswirken muss, was noch vor dir liegt, sollte doch Motivation genug sein, um mal ehrlich mit sich selbst ins Gericht zu gehen.

9. Selbstbetrug

Aber sie ist doch die Liebe meines Lebens!

Ist sie das?

Was sollte dann das Schäferstündchen mit der kleinen Fitnessmaus. Warum warst du mehr auf dem Fußballplatz als bei ihr? Zähl mal ganz schnell drei Gemeinsamkeiten auf. Das mit der Liebe ist so eine Sache. Das, was ich häufig für Liebe gehalten habe, war oft nur die für mich bequemste Lösung und einfach eine Situation von vertrauter Gewohnheit. Ist es nicht vielmehr die fleißige Dienstmagd oder Mätresse, die nun irgendwie fehlt. Wer macht denn jetzt bloß den Kühlschrank voll, bügelt mein Hemd und bedient die Waschmaschine? Irgendwie schade, sie hat immer so gut gekocht und vor allem stand es schon auf dem Tisch, wenn ich kam. Der Sonntagabend ist aber auch langweilig, jetzt wo keiner mehr da ist.

Na, kommt dir das bekannt vor?

Jetzt mal schön vorsichtig und erst mal überlegen, bevor du anfängst, von der Liebe deines Lebens zu sprechen.

Kann es sein, dass dein Hund Max auch die Liebe deines Lebens wäre, wenn er Dessous tragen würde und staubsaugen könnte?

Du solltest genau wie bei der Selbstreflektion sehr ehrlich mit diesem Thema sein. Ich hatte eine meiner Exfreundinnen nach einem Jahr Trennung wieder getroffen und es hat bei uns beiden wieder eingeschlagen, machte jedenfalls auf mich den Eindruck. Ich hatte in dieser Situation richtig tiefe Gefühle für sie und wäre bis ans Ende der Welt für sie gegangen. Ich malte mir aus, wie es wäre, zusammen zu leben und das Leben so richtig zu genießen. In den Gesprächen, die wir führten, sagte sie mir, dass die Dinge, die schief gelaufen waren, jetzt ganz anders wären. Überhaupt hätte sie das ganze Jahr nachgedacht und vieles jetzt begriffen. Sie würde mich lieben, ich wäre das Wichtigste in ihrem Leben und sie würde alles für diese Beziehung tun. Diese Aussagen unterstrich sie auch noch durch die entsprechenden Handlungen, die mich in den Glauben versetzten, eine völlig veränderte Frau vor mir zu haben. Das von ihr Gesagte hatte aber nur so lange Bestand bis alles wieder in Sack und Tüten war und drei Monate später bekam ich eine Email mit folgendem Wortlaut: „Sorry, ich mag nicht mehr, lass mich einfach in Ruhe". Ich schwöre dir beim Augenlicht meines Goldhamsters, es ist in dieser Zeit nichts vorgefallen, was so einen gravierenden Sinneswandel und den abschließenden Abgang gerechtfertigt hätte.

Du siehst, das mit der Liebe ist wirklich so eine Sache.

Mit der wahren Liebe ist es wie mit den Geistern: Alle Welt spricht darüber, aber wenige haben etwas davon gesehen.

Francois Duc de La Roche Foucauld

Wir sagen zum Beispiel ganz oft aus der Situation heraus, ich hab dich lieb oder ich liebe dich. Häufig meinen wir aber, ich brauche dich oder verlass mich nicht. Es ist die schlichte Angst ohne den anderen nicht klar zu kommen.

Wir versichern dem anderen ein Gefühl und wollen von ihm die selbe Versicherung hören, um uns angenommen und abgesichert zu fühlen. Im Grund sehnen wir uns alle nach der bedingungslosen Liebe, so wie ein Kind von seiner Mutter geliebt wird. Die meisten Beziehungen laufen aber nach dem Motto ab, wenn du so bist wie ich dich haben möchte, dann liebe ich dich. Wenn du nicht meinen Vorstellungen entsprichst, muss ich dir meine Zuneigung entziehen. So programmiert, strampeln wir uns ab, um die Zuneigung des anderen zu erhalten und tun Dinge, die wir eigentlich nicht tun wollen. Da wir uns schon so sehr an dieses Spiel von Zuckerbrot und Peitsche gewöhnt haben, fällt uns das schon gar nicht mehr auf, es erscheint uns als normal. Dass es sich hierbei nicht um Liebe handelt, sondern um ein simples Tauschgeschäft, ist uns dabei scheinbar egal. Lieber die erkaufte Zuneigung, als gar nichts zu bekommen. Bei uns Kerlen spielt auch noch eine große Menge Besitzanspruch eine Rolle. Dieses Überbleibsel aus der Evolutionsgeschichte sorgt wahrscheinlich dafür, dass wir mit Zähnen und Klauen verhindern wollen, dass ein Artgenosse unser Weibchen bespringt. Das hat aber wohl weit weniger mit innigen Gefühlen zu tun, sondern eher mit der Sicherung des eigenen Territoriums. Häufig ist es auch nur das Gefühl, alleine nicht zurechtzukommen, nun wieder unser eigener Animateur sein zu müssen, angenehme Gewohnheiten zu ändern und die Angst, kein Weibchen wieder zu finden. Wenn du jetzt rausfinden möchtest, wie es mit deinen Gefühlen für sie bestellt ist, ist doch diese Trennung genau das Richtige. Wenn du in ein paar Wochen immer noch so intensive Gefühle für sie verspürst, kannst du gerne noch einen gut durchdachten Versuch unternehmen, die Geschichte noch mal in Schwung zu bringen. Häufig ist das aber nicht der Fall und man bemerkt schnell, dass man sich zum Thema Liebe etwas vorgemacht hat. Würdest du in diesem Bewusstsein immer noch zu ihr zurückgehen wollen? Möchtest du, dass sie zu dir zurückkommt, obwohl sie dir vielleicht gesagt hat, dass sich ihre Gefühle dir gegenüber geändert haben. Wer möchte ernsthaft mit einer Frau zusammensein in dem Bewusstsein, mit der Liebe ist es nicht so weit her, aber sie schläft mit mir, damit Ruhe im Karton ist? Das ist doch ein erbärmlicher Zustand und zwar für beide Seiten. Selbst wenn es nicht an der Zuneigung scheitert, ändern sich Menschen nicht innerhalb weniger Wochen, denn dazu braucht es den Willen und die Zeit, um etwas zu lernen. Selbst das Vorhandensein von Liebe ist kein Garant dafür, dass eine Beziehung funktioniert. Darüber hinaus kennzeichnet sich die wirkliche Liebe dadurch aus, dass es dein Herzenswunsch ist, der andere möge glücklich sein; ihm Zeit zu geben, wenn er Zeit braucht, Aufmerksamkeit, wenn er Aufmerksamkeit braucht und Freiheit, wenn er Freiheit braucht. Das Ziel einer Partnerschaft kann daher auch nicht das ständig liebevoll turtelnde Paar sein, das ohne den anderen nicht leben kann, denn das ist Abhängigkeit und wer abhängig ist, ist nicht frei. Du bist eine eigenständige Persönlichkeit und deine Lebensfähigkeit hängt nicht im Mindesten davon ab, ob ein anderer Mensch dir seine Gunst gewährt oder nicht. Wenn es dir hilft, stell dich vor den Spiegel und sage mehrmals täglich zu dir selbst, es ist toll mit ihr zu leben, aber ich brauche sie nicht zum Überleben. Ein Freund, dem ich mal in so einer Sache die Ohren vollgejault habe, fragte mich im Anschluss genervt, was sie für mich tun würde, was ich nicht auch selber tun könnte. Mit seiner zweiten Frage, ob sie die Dinge tun würde, die für mich und diese Beziehung wichtig wären, war das Gespräch ohne eine Antwort meinerseits beendet.

Warum? Er hatte schlicht Recht und es gab dem, was er mir damit zum Ausdruck bringen wollte, nichts mehr hinzuzufügen. Eine schöne Aussage dazu fand ich mal in einer Partnersuchanzeige. Auf die Frage, was den Traumpartner ausmachen würde, schrieb eine Frau. Ein Partner sollte mir das geben können, was ein Bekannter oder eine Freundin mir nicht geben kann. Da kann ich nur sagen, die Gute hat Recht. Wirklich wertvoll sind Menschen, die nicht nur das tun, was bei dem anderen ankommt, sondern die, die das tun, worauf es ankommt. Alles andere kann doch jeder.

Wenn du die Augen und Ohren in deinem Bekanntenkreis mal aufmachst und zwischen den Zeilen liest, wird dir sicherlich auffallen, dass viele Paare nur noch aus Sachzwängen zusammen sind: die Kinder, das Haus, ein gemeinsames Geschäft, Steuervorteile und andere finanzielle Gegebenheiten, der mögliche Gesichtsverlust im Freundeskreis oder weil es so schön bequem ist. Es sind grundsätzlich sehr schwierige und komplexe Situationen und sicherlich gibt es oft auch triftige Gründe, mit Liebe hat das aber herzlich wenig zu tun. Ich habe schon mit vielen Frauen und Männern gesprochen, die mir klar zu verstehen gaben, wenn zum Beispiel die Kinder nicht wären, wäre ich schon längst weg. Wenn ich nicht die Hälfte meines Gehaltes einbüßen würde, hätte ich meine

Frau schon lange verlassen. Ich kann meinen Mann nicht verlassen, ich finde doch in meinem Alter nichts Neues wieder. Wenn wir uns trennen, geht doch alles, was wir aufgebaut haben, den Bach runter. Von Liebe ist da schon lange nicht mehr die Rede.

Die öffentliche Meinung ist oft das stärkste Band einer Ehe.

Emanuel Wertheimer

Es ist im Einzelfall sicherlich zu respektieren, wenn jemand die Verantwortung für seine Wahl übernimmt, in letzter Konsequenz lebt derjenige aber im Namen der Liebe an seinem eigentlichen Leben vorbei. Am Ende seines Lebens, könnte es dann heißen, Note fünf, Thema verfehlt.

Besonders betroffen machte mich die Geschichte einer Patientin von mir, die jahrelang wegen der Kinder bei ihrem bösartigen Mann ausgeharrt hat. Im Nachhinein stellte sich noch raus, er hatte sie nur geheiratet, um finanziell abgesichert zu sein. Was Menschen erdulden oder sich und anderen unter dem Deckmantel der Liebe antun, wäre ein eigenes Buch wert. Also mein Freund, warte noch ein wenig ab und auch diese Sache wird sich für dich klären. Die Füße noch etwas still zu halten ist darüber hinaus sinnvoll, denn wer sagt dir, das es in dieser Zeit nicht an deiner Tür klingelt?

10. Gepflegte Freundschaft

Was mach ich denn bloß dieses Wochenende? Mir ist am letzten Samstag schon die Decke auf den Kopf gefallen. Noch ein Wochenende alleine zu Hause stehe ich nicht durch. Dann geht es los. Dein Telefonbuch hat auf einmal viel zu wenige Einträge. Von den zehn möglichen alten Spielkameraden wohnen vier schon lange nicht mehr hier. Gemeldet hat man sich bei ihnen auch nur sporadisch und aus diesen Gründen scheiden sie gleich aus.

Drei weitere sind mehr oder weniger glücklich verheiratet, wobei zwei davon nicht mal den Schneid hätten, ihre Frau zu fragen, ob sie mal mit dir um die Häuser ziehen können.

Bleiben noch drei mögliche Kandidaten, die du anrufen könntest. Beim ersten läuft natürlich der Anrufbeantworter. Ach ja, der ist doch mit zwei Freunden im Skiurlaub, hab ich ja völlig vergessen. Den zweiten kannst du gar nicht verstehen, als er abnimmt und sich meldet, den hat die Erkältung so erwischt, dass er auch die nächsten beiden Wochenenden als Begleiter ausfällt. Der letzte Versuch. Nach ein paar freundlichen Floskeln trägst du vorsichtig dein Anliegen vor. Nicht nur, dass der letzte Kumpel wahrscheinlich nicht zu deinen Besten gehört, denn die waren auf den vorderen Anrufplätzen schon dran, dieser Bekannte entpuppt sich mal wieder als völlig langweilig. Wen wundert es, dass dieser auf einem Samstagabend spontan Zeit für dich hat. Der Abend läuft dann auch entsprechend, aber Hauptsache nicht allein sein.

Geht es dir so oder ähnlich im Moment? Dann dämmert dir bestimmt gerade, was du grundsätzlich falsch gemacht hast.

Du hast die Frau, die dich jetzt über die Klinge springen lässt, zum Mittelpunkt deines Daseins gemacht. Die anfänglichen Versuche der damaligen Kumpel, ab und an noch mal loszuziehen, hast du abgeblockt, weil es ja so schön kuschelig mit ihr auf dem Sofa war. Viele Männer begehen immer wieder denselben Fehler. Wenn sie eine Frau kennen lernen, wird diese schnell der Nabel der Welt. Der Grund ist wahrscheinlich, dass wir die heimelige Gemütlichkeit mögen, die eine Frau verbreiten kann und dass unsere Magnetnadel ohne großes vorhergegangenes Balzgehabe problemlos nach Süden zeigen kann. Warum um alles in der Welt soll ich denn auf die Jagd gehen, ich hab die Beute doch schon zu Hause liegen. Dann schau dich mal um, jetzt hast du nichts mehr außer deinem zu Hause. Die Frau ist weg oder schiebt ihr Böckchen und deine Jagdfreunde haben nun andere Kumpels.

Den Mädels passiert das nicht. Sie haben schon seit der Urzeit ein anderes Sozialverhalten als wir. Während Männer sich im Umgang mit anderen Artgenossen schon immer auf das Nötigste beschränkt haben, knüpfen Frauen häufig ein Beziehungsnetzwerk, das sie in solch einer Phase auffängt.

Die Liebe fragt die Freundschaft, wofür bist du eigentlich da? Die Freundschaft antwortet der Liebe,
ich trockne die Tränen, die du angerichtet hast,

unbekannter Verfasser

Wenn du nicht zu den begnadeten Menschen gehörst, die sich selber genügen, solltest du sofort anfangen, ebenfalls so ein Beziehungsnetzwerk aufzubauen. Mach Kontakte im Sportstudio und geh zur alljährlichen Sommerparty. Verabrede dich mit jemandem, von dem du weißt, dass er regelmäßig zum Lauftreff geht und klink dich dort mit ein. Geh mit einem Kollegen zu einer after work Party oder mal wieder zum Fußballtraining, die Vereinsbeiträge zahlst du doch sowieso. Sport baut übrigens Stress ab. Es geht nicht nur um den flüchtigen Erstkontakt, sondern auch um die, die sich daraus wieder ergeben. Du wirst sehen, dass du ganz schnell wieder so viel um die Ohren hast, dass das Gefühl, ohne sie nicht leben zu können, dir nach kurzer Zeit mehr als lächerlich vorkommt. Du wirst sehr schnell wieder Menschen kennen lernen, die durchaus jene ersetzen können, die dir jetzt nicht mehr zur Verfügung stehen. Diese Bekanntschaften und die sich daraus ergebenden Freundschaften solltest du aber diesmal besser pflegen, denn Lebensabschnittsgefährten kommen und gehen schnell in der heutigen Zeit, das scheint mittlerweile völlig normal zu sein. Gute Freunde aber bleiben ein Leben lang.

Eine Freundschaft pflegen bedeutet nicht, durch ständige oberflächliche Präsenz zu glänzen, sondern dadurch, dass man Gewehr bei Fuß steht, wenn es darauf ankommt. Freundschaft bedeutet auch, zu erkennen, wann es notwendig ist für den anderen in die Bresche zu springen, ohne dass man dazu aufgefordert werden muss.

Wahre Freundschaft kommt am schönsten zur Geltung
Wenn es ringsherum finster wird.

Flämisches Sprichwort

Zum Thema Bekannte und Freunde möchte ich dir noch Folgendes sagen. Tu dir gerade in dieser Phase deines Lebens einen Gefallen und halte dich von den falschen Ratgebern fern. Du erkennst sie sehr leicht an den inhaltlosen Sprüchen wie: „das geht vorbei, da musst du jetzt durch, such dir was Neues" usw. Wer nicht mehr zu diesem Thema zu sagen hat als abgedroschene Allerweltssprüche, ist sicherlich nicht wirklich an deinem seelischen Wohl interessiert. Das sind die eher geistig begrenzten, die einfach nur überspielen wollen, dass sie nicht in der Lage sind, etwas Verwertbares zu diesem oder ähnlichen Themen beizutragen. Darüber hinaus handelt es sich häufig um diejenigen, die in ihrem zwischenmenschlichen Verhalten weit beschränkter sind als man selbst. Außerdem läufst du einfach Gefahr, von diesen Leuten in dem was du denkst und sagst kritiklos bestätigt zu werden. Es ist natürlich schön, wenn man in so einer Lebensphase vertraute Menschen um sich hat, die einem verbal auf die Schulter klopfen, nur bringt dich das überhaupt nicht weiter. Such dir gezielt Leute aus, die dir in deiner Sache konstruktiv weiterhelfen können. Richtige Persönlichkeiten sind jetzt gefragt. Menschen, die objektiv sind, die sich nicht scheuen, dir auch mal den mahnenden Finger zu zeigen, wenn du über das Ziel hinausschießt. Fördernde Impulse gehen von konstruktiven, selbstbewussten Menschen aus, nicht von der Masse oder den sensationsheischenden eingefahrenen Sprücheklopfern. Die wollen nur die Situation ausschlachten, sich auf deine Kosten möglichst lange amüsieren und halten den Mist auf dem sie selber sitzen für Dünger.

11. Scheinheilig

Was einem nach einer Beziehung sehr lange im Gedächtnis bleibt, sind die schönen Erlebnisse und meistens das letzte Gespräch, das man geführt hat. Jetzt, wo man alleine ist und Zeit hat die gesagten Dinge noch einmal zu durchdenken, fällt einem auf, wie Recht sie doch mit allem hat. Stop!

Bevor du weiter in diese gedankliche Sackgasse stolperst, warte einen Augenblick. Wenn ich zurückdenke an die finale Auseinandersetzung mit meiner letzten Ex oder vielmehr das Gezeter, das sie abgelassen hat, muss ich mittlerweile ganz schön schmunzeln. Die Argumente, die sie mir dabei um die Ohren gehauen hat, klangen damals unwiderlegbar und prasselten wie Schläge auf mich herab. Um die ganze Sache nicht noch zu verschlimmern, sagte ich gar nichts mehr und trollte mich wie ein getretener Hund. Die Dinge, die sie anführte, die so plausibel klangen, entpuppten sich im Nachhinein als inhaltloses Gewäsch. Statt sich wirklich wie ein erwachsener Mensch zu ihrer Entscheidung zu bekennen, versuchte sie, die wahren Gründe zu verschleiern, die Verantwortung den Gezeiten, der Jahreszeit, einer übergeordneten Macht und natürlich mir überzustülpen. Und dann kam es, das allseits beliebte weibliche Überargument.

„Ich habe wirklich alles für dich getan!"

Bums, das hatte gesessen. Diesem verbalen Leberhaken hat man einfach nichts entgegenzusetzen und so geht man nach Luft ringend kommentarlos zu Boden.

Dieses Argument ist deshalb sehr beliebt, weil es sich im

Anschluss hervorragend eignet, um den Eigenanteil der Verantwortung von sich wegzuschieben, denn es ist ja fast nicht angreifbar, weil moralisch höchst wertvoll.

Diese Feststellung dient aber nur dazu klarzustellen, ich hab an der ganzen Misere keine Schuld, denn ich habe alles getan, was möglich war. Ich hab mich für dich aufgeopfert und du wusstest es nicht zu würdigen. Übrigens, wenn Menschen sich für jemanden anders aufopfern, um dann den Dank und das Lob einzuklagen, steckt womöglich eine Persönlichkeitsstörung dahinter und das ist dann ein Fall für einen Therapeuten. Die fehlende Anerkennung für was auch immer ist der Grund, warum unsere Angebetete jetzt die Konsequenzen ziehen muss. Die Ärmste hat in einem solchen Fall gar keine andere Wahl, denn wir zwingen sie mit unserem Undank quasi zu diesem Schritt. Dabei wollte sie natürlich immer nur unser Bestes. Es ist aber das eine, alles zu tun und das Beste für den anderen zu wollen, aber das andere vorher selber festzulegen, was das Beste für ihn ist. Man sollte den Partner vorher fragen was er möchte, dann kann man auch sicher sein, das Richtige zu tun. Alles andere ist nicht wirklich uneigennützig, denn man tut es für sich selbst, als Ersatzangebot für das, was man nicht tun will.

So reiten viele Menschen immer weiter auf den Dingen rum, die sie so aufopferungsvoll tun, die aber gar nicht der Punkt der Kritik sind, damit sie das eigentliche Problem immer wieder umkurven können. Letzteres sind aber meistens die Themen, um die es doch eigentlich geht. Es käme doch auch niemand auf die Idee, seinem Chef zu sagen, die Akte Meyer, über deren Zustand sie so verärgert sind, habe ich zwar schlampig geführt, aber probieren sie mal, wie gut mein Kaffee schmeckt.

Ich weiß nicht, wie oft ich einer meiner Verflossenen gesagt habe, dass ich nur sehr ungern mit einer Frau zusammen bin, die sich zu Hause aufführt wie meine Mutter oder wie ein pubertierender Teenager. Statt mir zuzuhören, hat sie weiter all die schönen Dinge für mich getan, die sie für gut befunden hat, die ich auch zu würdigen wusste aber keineswegs verlangt habe. Ihr Focus blieb einfach hartnäckig auf den Dingen, die nie Gegenstand meiner Kritik waren und die von mir angesprochenen Probleme ignorierte sie weiterhin. Das hatte zur Folge, dass wir dieselben Themen in schöner Regelmäßigkeit immer und immer wieder durchkauten und sie mich immer wieder darauf aufmerksam machte, was sie alles tun würde. Dafür wollte sie nun, dass ich so sein sollte wie sie mich gerne hätte, zumindest aber etwas Anerkennung für ihre Leistung. Das ist so, als wenn du nach einem längeren Verkaufsgespräch mit einem Autohändler handelseinig wirst, einen schwarzen Golf bestellst und er stellt dir frech zum Liefertermin einen roten Ford hin und erwartet nun auch noch Beifall. Festzulegen, was das Beste für den anderen ist und sich dafür auch noch den kleinen Hintern aufzureißen, hat auch noch einen anderen interessanten Aspekt. Es verschafft einem ein schönes vorauseilendes Alibi. Wenn es dann mal knallt, steht man mit weißer Weste da, kann sich unschuldig am Geschehenen fühlen und auch noch Dank für das vermeintlich Geleistete erwarten. Und auch nach außen lässt sich dieses Argument sehr gut vermarkten. Es finden sich im Familien- und Freundeskreis immer Menschen, die wohlwollend nicken und auf dieser Bananenschale ausrutschen. Wenn jemand also alles für dich tut, um dir dies bei jeder Gelegenheit oder später in Rechnung zu stellen, hat er bestimmt nicht dein, sondern eher sein Bestes im Sinn gehabt.

Frauen verteidigen sich indem sie angreifen, gerade so wie sie durch plötzliches und befremdliches Nachgeben angreifen.

Oscar Wilde

Ein anderer schöner Abgang wird auch häufig mit den folgenden oder ähnlichen Worten eingeleitet. „Du warst immer so gut zu mir, ich hab dich gar nicht verdient, glaub mir, es ist besser so für dich". Dazu gibt es eigentlich nichts mehr zu sagen. Wer sich so rausstehlen will, hat es wirklich nicht verdient, weiterhin beachtet zu werden, geschweige denn, dass man noch gut zu ihm ist. Zum einen ersetzt eine solche Aussage nur die Gründe, die nicht genannt werden sollen, zum anderen spricht dir in diesem Fall jemand ab, in der Lage zu sein, selber zu beurteilen, was du verdienst oder was gut für dich ist. Willkommen in der Maikäfergruppe des örtlichen Kindergartens!

Streit- und Trennungsgespräche drehen sich ja meistens um ein zentrales Thema. Die berühmte offene Zahnpastatube, der Job, der zuviel Zeit in Anspruch nimmt, ungeliebte Hobbys, fehlende Unterstützung im Haushalt oder Sex.

Auch der letzte Versuch, den anderen davon zu überzeugen, dass es für alles eine Lösung gibt, endet häufig negativ.

Dabei leiten viele Frauen durch ein theatralisch gehauchtes" ich kann nicht" den Willen zur Ohnmacht ein. Wenn jemand sagt, er würde etwas nicht können, versucht er dem anderen zu suggerieren, ich würde ja furchtbar gerne, aber die Entscheidung unterliegt nicht meinem Willen. Wenn es nicht der eigene Wille ist, wessen dann?

Bei einem meiner Freunde kam das „nicht können" sogar noch in Form von Fürsorglichkeit daher." Ich muss mich von dir trennen, denn ich kann deine Erwartungshaltung einfach nicht erfüllen". Da ist jemand selbst in einer solchen Trennungsphase noch an dem Wohl meines Freundes interessiert gewesen. Eigentlich tat sie das nur zu seinem Besten. Das nenn ich menschliche Größe.

Wie war das noch mit dem Besten?

Punkt eins ist, er hatte keine Erwartungshaltungen, die sie vor eine unlösbare Aufgabe gestellt hätten, schon gar nicht, wenn sie kurz vorher noch keine Probleme mit diesen gehabt hat. Punkt zwei ist, bis zu diesem Zeitpunkt dachte er, dass er selbst derjenige ist, der in seinem Leben entscheidet, wann seine Erwartungshaltungen erfüllt sind und in wie weit er mit unerfüllten Dingen leben kann.

Kann ich nicht, ist einfach nur ein verschleiertes, ich will nicht. Nur für diese klare Aussage möchte derjenige nicht verantwortlich sein. Das aber unterscheidet den Erwachsenen vom Kind. Zu seinem Willen zu stehen, heißt bereit zu sein, die Konsequenzen voll zu tragen. Doch selbst in Situationen wie dieser, möchte der sich Trennende die volle Wucht der Konsequenzen noch umgehen, um möglichst einfach und ungeschoren aus dieser Nummer rauszukommen.

Wenn man sich noch tiefer in die Materie hineindenkt, haben alle diese so fürsorglichen Argumente etwas entmündigendes. Ein anderer Mensch entscheidet für dich mit, wie für ein kleines Kind. Er spricht dir indirekt die Fähigkeit ab, in der Lage zu sein, etwas selbst zu beurteilen und eigene Entscheidungen zu treffen. Das alles aus dem Grund, weil er selber nicht in der Lage ist, das Verhalten eines Erwachsenen an den Tag zu legen und weil er Angst hat, für alle nachfolgenden Unannehmlichkeiten, die mit seiner Entscheidung einhergehen, die Konsequenzen zu tragen und somit die Verantwortung übernehmen zu müssen. Die Lebensgefährtin eines Bekannten, entschuldigte ihr merkwürdiges Verhalten nach der Trennung von ihm mir gegenüber mal mit den Worten, „ich wollte ihm doch nicht weh tun". Was für eine barmherzige Samariterin!

Mal abgesehen davon, dass es immer weh tut, egal ob sie das nun wollte oder nicht, in erster Linie wollte sie sich selbst nicht wehtun. Sie wollte sich selbst schonen. Sie fürchtete den anschließenden Sympathieverlust und kehrte ihr Bedürfnis um und machte es eigenmächtig zu seinem.

Ob er dieser Schonung bedurfte, war ihr dabei herzlich egal. Menschen, die nicht mehr in der Lage sind, Entscheidungen zum eigenen Wohl zu treffen, bekommen einen Vormund, doch dafür braucht es einen richterlichen Beschluss. Sahnehäubchen solcher Taktiken ist die obligatorische Bitte: „Ich möchte, dass wir Freunde bleiben". Das heißt dann wohl soviel wie, als Mann muss ich dich nicht um mich haben, aber es könnte sein, dass ich mal einen Handwerker brauche. Damit sind dann alle fein raus. Der sich Trennende ist ohne viel Stress und Sympathieverlust da, wo er hin wollte. Der Zurückgelassene darf weiter hoffen und ab und an eine Lampe anbauen oder einen Teppich verlegen. Das nenn ich wahre Freundschaft. Nur, wer möchte mit jemandem befreundet sein, der nur inhaltlose Opferstorys von sich gibt, um den Hals aus der Schlinge zu ziehen? Kann man einen Menschen respektieren, der derart kindisch agiert, einen entmündigt und hinterher nicht mal mehr dafür verantwortlich sein will. Möchtest du mit so einem Menschen anschließend befreundet sein?

Eine Exfreundin, die ich hinterher mal vorsichtig auf die von ihr gemachten, merkwürdigen Aussagen hinwies, erwiderte kleinlaut:" Man weiß halt manchmal nicht, was man tut". Autsch!

Nicht nur, dass sie das Wörtchen „man" statt „ich" verwendete und damit Meyer, Müller und Schulze mit ins Boot holte, um das eigene Verhalten zu verallgemeinern, erklomm sie mit dieser Aussage zu guter letzt vollends den Gipfel der eigenen Ohnmacht. Ich zweifelte ernsthaft an ihrem Menschenverstand. Leute, die Drogen nehmen, geistig verwirrt sind oder den Intelligenzquotienten einer Wallnuss haben, wissen sicher nicht, was sie tun, der normale Mitteleuropäer eigentlich schon. Wo sollte ich sie nun einstufen? Ich entschied mich heimlich für die Wallnuss und dafür, diese nicht noch mal zu knacken.

Statt einfach zu sagen, meine Gefühle für dich haben sich verändert, es reicht für eine Beziehung nicht mehr und die Gründe hab ich dir offen genannt, werden die fragwürdigsten Erklärungen zusammengebaut und die Verantwortung für die eigenen Handlungen und Aussagen werden irgendwohin abgeschoben. Häufig sollen diese verbalen Grauzonen auch nur verhindern, die wahren Gründe nennen zu müssen. Diese schonenden Verschleierungstaktiken sind einfach überflüssig, denn irgendwann kommt man um ein klares „ich will nicht mehr" sowieso nicht mehr herum und die Konsequenzen, die man verhindern wollte, holen einen dann mit doppelter Aufprallgeschwindigkeit wieder ein. Menschen können viel besser damit umgehen, wenn man ihnen sagt, dass man sie nicht mehr liebt oder dass sie zu arm, zu klein, zu dick, sexuell unpassend oder nicht schön genug sind. Es ist viel fairer, dem anderen die Wahrheit zu sagen, statt ihn in Selbstzweifeln zurückzulassen. Solltest du also in absehbarer Zeit mit deiner Nochfreundin oder deiner Ex ein Gespräch führen, achte einmal darauf wie ehrlich deine Aussagen sind und achte vor allem auf die Wortwahl deiner scheidenden Gesprächspartnerin.

12. Blablabla

Es ist davon auszugehen, dass du schon das eine oder andere Gespräch ohne das gewünschte Resultat hinter dich gebracht hast. Häufig stellen wir hinterher fest, dass wir nicht das anbringen konnten, was wir eigentlich loswerden wollten. Ihre und die eigenen Emotionen verhindern häufig eine Unterhaltung auf einer sachlichen Ebene. Spätestens wenn ihre Stimme die Lautstärke eines startenden Düsenjägers erreicht hat oder dir ein Teller entgegenkommt, weißt du sicher, dass sie die sachliche Ebene verlassen hat. An dieser Stelle solltest du das Gespräch höflich beenden, bevor der ganze Geschirrschrank hinterher kommt. Die Art und Weise, wie das Gespräch geführt und beendet wurde, erinnert dich sicherlich an vorangegangene Auseinandersetzungen. Häufig wiederholen sich diese Verbalscharmützel mit immer demselben Ergebnis. Es ist mal wieder nichts dabei rumgekommen und zu allem Überfluss hat sich die Ausgangsbasis für ein weiteres Gespräch noch mehr verschlechtert.

Die ganze Kunst der Sprache besteht darin, verstanden zu werden.

Konfuzius

Warum läuft es immer gleich ab? Sehr oft ist der Zeitpunkt, um ein Krisengespräch zu führen nicht sehr sorgfältig gewählt. Einer von beiden geht einfach davon aus, dass ein Gespräch jetzt angebracht ist, und eröffnet die Redeschlacht ganz spontan. Das der andere nicht vorbereitet ist, sich zu diesem Thema gar keine Gedanken machen konnte und jetzt im Regen steht, wird häufig nicht bedacht. So ein Überfall kann nicht in eine konstruktive Auseinandersetzung münden. Wenn du also vorhast, das Blatt durch ein erneutes Gespräch noch mal zu wenden, solltest du jetzt erst recht nicht mit der Tür ins Haus fallen. Besser ist es, dem anderen etwas Vorbereitungszeit zu geben. Ein Einfaches „Ich würde gerne noch mal mit dir reden, wann passt es dir am besten" ist da sehr hilfreich. Wie wir beide aber schon festgestellt haben, ist sie eigentlich durch mit dem Thema und die Wahrscheinlichkeit ist nicht sehr hoch, dass sie dieselben Themen noch mal durchkauen will. Die direkte persönliche Ansprache oder ein Anruf sollte deshalb entfallen. Wenn selbst ein Kai Pflaume häufig mit seinen Videobotschaften scheitert, solltest du dich in dieser heiklen Phase lieber sehr langsam an die Sache rantasten. Auch wenn es schwer fällt, lass dir und ihr Zeit. Meiner Erfahrung nach ist ein kurzer unverbindlicher Brief die beste Lösung. Der schriftliche Hinweis, dass man sich einige Gedanken zu dem bereits Gesagten gemacht hat und dass man sich gerne, wenn es zeitlich passt, noch mal dazu äußern würde, hat sich für mich als die beste Herangehensweise rausgestellt. In diesem Brief sollte noch ein Vorschlag zu einem neutralen Ort für das erneute Zusammentreffen enthalten sein und dann kannst du nur noch auf Antwort warten. Sollte sie auf deine Bitte eingehen, bereite dich entsprechend vor, denn wenn du zu diesem Zeitpunkt nichts auf der Pfanne hast, kannst du endgültig einpacken.

Häufig treffen bei diesen Gesprächen zwei Streithähne mit unterschiedlichem verbalen Können aufeinander. Sollte deine Ex als Finanzmanagerin bei der deutschen Bank oder als Ghostwriter eines Abgeordneten arbeiten, kannst du davon ausgehen, dass sie dich verbal auseinander nimmt, bevor du ausgeatmet hast. Wenn sich dein Sprachschatz lediglich auf wenige Worte beschränkt und ganze Sätze nur dazu dienen, den Stift aus dem zweiten Lehrjahr in eurer Klempnerei zum Bierholen zu schicken, sind die rhetorischen Kräfte doch sehr ungleichmäßig verteilt. Sich in so einer Konstellation auf einen Schlagabtausch einzulassen ist nicht nur sinnlos sondern schlicht blöd. Gott sei Dank sind es aber eher Arzthelferinnen, Friseurinnen, Bankkauffrauen und ähnlich einzustufende normale Berufsgruppen, mit denen wir Männer es meistens zu tun bekommen. Mit ein wenig Geschick kann also auch jemand, der sich sonst nur mit Gas, Wasser und im Klo runtergespülten Hygieneartikeln beschäftigt, hier bestehen. Erste Grundregel, die du immer beachten solltest bei jedem weiteren Gespräch mit deiner Ex oder Nochfreundin, ist, nie aus der spontanen Situation heraus sprechen. Zum einen weißt du nicht wie gut sie präpariert ist, zum anderen hast du doch schon mehrfach erfolglos versucht, gegen das Düsenjägertriebwerk anzuschreien. Wenn du also merkst, sie versucht dich in eine unangekündigte Diskussion zu ziehen, Rückwärtsgang rein und einen Termin vorschieben. Aber Vorsicht, nie das Schlachtfeld verlassen ohne einen neuen möglichen Gesprächstermin genannt zu haben. Damit hebelst du ihren beliebten Vorwurf aus, dass du ihr immer ausweichst und du weißt, bis wann du dich auf das nächste Gespräch vorbereiten musst. Vorbereitung ist das A und O. Da wir alle dazu neigen, immer nach demselben Schema das Gespräch zu führen, macht es Sinn, die eigenen Stärken und Schwächen mal zu beleuchten. Vielleicht neigst du dazu, es ihr im Gespräch recht machen zu wollen, was verständlich ist, wenn es um einen Fehler deinerseits geht. Wahrscheinlich bist du es dann, der wenig oder nichts sagt, während sie pausenlos quasselt. Viele Frauen neigen dazu, einmal zu Wort gekommen, das Heft nicht mehr aus der Hand zu geben. Dieser mit Vorwürfen gespickte Monolog beinhaltet dann meistens alles, was du in den letzten Monaten oder Jahren falsch gemacht hast. Das diese Dinge gar nichts mit dem eigentlichem Thema zu tun haben, fällt ihr nicht weiter auf, aber es passt halt so schön in die Situation, denn auch diese Sachen nerven sie schon sehr lange. Deshalb lässt deine gut platzierte Frage, was das denn alles mit dem akuten Problem zu tun hat, häufig den Redeschwall deiner Noch – oder Expartnerin erst mal verstummen. Höflich aber bestimmt noch hinterhergeschoben, dass du es begrüßen würdest, wenn sie sachlich und beim Thema bliebe, sorgt dafür, dass es auch ruhig bleibt. Sollte sie noch mal mit allerlei vorwurfsvollen Argumenten ansetzen, ist ein souveränes, „auf so einer Basis möchte ich mich mit dir nicht unterhalten", das Beste. Jetzt hat sie nur noch die Wahl, vor dem Sprechen mal den Kopf einzuschalten, endlich mal die Klappe zu halten oder kurz darauf alleine am Tisch zu sitzen. Wenn du guten Grund hast, nicht den Sündenbock für sie zu machen, sag ihr das ganz klar. Das entfällt natürlich, wenn es um die Sache mit der Maus aus dem Sportstudio geht. Um souverän zu sein oder zumindest so zu wirken, solltest du dir im Vorfeld ein paar Gedanken machen. Welches Ziel verfolgst du mit dem erneuten Gespräch? Wenn du etwas richtig verbockt hast, kann es nicht das Ziel sein, sie zu fragen, ob sie dich eventuell heiraten möchte. Ruf dir noch mal das letzte Gespräch in Erinnerung und analysiere dein Verhalten. Es ist sinnvoll sich zu fragen, wo liegen meine Schwächen, die sich wiederholt in meine Gesprächsführung einschleichen. Gibt es ein bestimmtes Verhalten bei deiner Holden, auf das du immer wieder gerne anspringst und somit das Gespräch jedes mal wieder kippt? Schaut sie dich beim Sprechen an oder weicht sie deinen Blicken aus? Wie sieht es mit ihrer Körperhaltung aus? Wenn sie dich nicht ansieht und mit verschränkten Armen da sitzt, kannst du dir deine Ausführungen sicherlich sparen oder sie deinem Friseur erzählen. Da du sie schon darauf hingewiesen hast, dass alte Kamellen hier nichts zu suchen haben, solltest du auch nicht in Vergangenem rumstochern. Geschickten Verbalakrobaten fällt es leicht, sich nicht wirklich auf eine Aussage festzulegen, um sich im Gespräch oder für später ein Hintertürchen aufzuhalten. Dem Türchen kannst du einen Riegel vorschieben, in dem du die für dich wichtigen Aussagen von ihr wiederholst und fragst, ob du das so richtig verstanden hast. Jetzt kann eigentlich nur noch ein Ja oder ein Nein kommen, auf das du dich später deinerseits berufen kannst. Weicht sie dir trotzdem weiter aus, kannst du das Gespräch vergessen. Wer nicht zu seinen Aussagen steht, die er im Gespräch macht, wird später wahrscheinlich auch nicht zu dem stehen, was folgt. Achte darauf, in der „ich" Form zu sprechen, statt „man" zu verwenden. Klare „ich" Botschaften zeigen deinem Gegenüber, dass du das, was du sagst, auch so meinst. Es verhindert auch, dass du unbeabsichtigte Vorwürfe formulierst, denn die fangen in der Regel mit „du" an. Du solltest ihr während der Unterhaltung in die Augen schauen und ihrem Blick auch standhalten, wenn es etwas hitziger wird. Nichts verrät Unsicherheit mehr als dem Blick des Gegenübers ständig auszuweichen. Überlege dir vorher, was du unbedingt sagen willst und gehe das Gespräch mit ihren möglichen Antworten im Kopf einmal durch. Das verhindert, dass sie dich auf dem falschen Fuß erwischt. Bei den Gesprächen, die ich mit einer meiner Exfreundinnen geführt habe, hatte ich häufig das Gefühl, sie redet irgendwie in Rätseln. Wenn sie was sagte, musste ich mich ständig fragen, was sie damit zum Ausdruck bringen wollte. Ich hätte nicht mich, sondern sie fragen sollen. Das solltest du auch. Also, wenn dir etwas schleierhaft erscheint, greif das Gesagte noch mal auf und lass es dir erklären. „Was ist es, was du mir damit sagen willst?" Sollte sie hartnäckig bei diesen verdeckten Transaktionen bleiben, überleg dir, ob du das Gespräch fortsetzen willst. Wahrscheinlich ist sie dann eh nicht ernsthaft an einer Lösung des Problems interessiert, ihre Meinung steht schon fest oder sie will mit ihren wahren Motiven nicht rausrücken.

Man darf sich nicht kränken, wenn uns andere nicht die Wahrheit sagen, denn wir sagen sie uns oft selber nicht.

Francois Duc de La Roche Foucauld

Hilfreich ist es auch, wenn du wichtige Schlüsselsätze mal zu dir selber vor dem Spiegel sagst, um zu überprüfen, wie du rüberkommst. Du solltest darauf achten, Gesprächspausen einzulegen, um ihr die Möglichkeit zu geben, am Gespräch teilzuhaben, sonst kann es passieren, dass du zwar alles losgeworden bist, die ganze Sache aber wie eine Abrechnung bei ihr ankommt. Manche Frauen neigen dazu, wenn sie mit ihrem Latein am Ende sind, die sachliche Erwachsenenebene zu verlassen und kindliche Verhaltensmuster an den Tag zu legen. Die Frau eines Bekannten pflegte in einer Unterhaltung, wenn ihr die Argumente ausgingen, immer zu sagen, „ja, ja, ich bin ja nur die kleine Dumme aus irgendeinem Kuhkaff" und setzte dabei ein mitleiderregendes Gesicht auf. Damit machte sie sich selber klein, quasi zum Kind, in der Hoffnung, dass man auf so ein armes kleines Ding nicht weiter verbal einschlägt. Ein Mensch, der sich selbst im Gespräch klein macht, hat höchstwahrscheinlich nicht sehr viel Selbstvertrauen. Wenn dieses Verhalten das Ergebnis einer Unterhaltung unter Erwachsenen sein soll, ist es angebracht sich zu fragen, ob man überhaupt noch mit einem kleinen Mädchen zusammen sein will. Häufig sind das lange antrainierte Verhaltensmuster, die auch in der Zukunft nicht dazu beitragen werden, ein konstruktives Gespräch zu führen, geschweige denn ein Problem zu lösen. Ganz ausgebuffte Exemplare können sogar Tränen auf Kommando hervorzaubern. Das weckt nun wirklich in jedem Mann den Beschützer, also aufpassen, ob die Kullertränen einen ernsten Hintergrund haben. Du umgehst die Tretmine, indem du ihr sagst, du möchtest das Gespräch erst dann fortsetzen, wenn sie sich beruhigt hat.

Dass du während des ganzen Gespräches auf Schuldzuweisungen verzichtest, brauche ich wohl nicht noch mal zu erwähnen. Zuletzt bleibt noch zu sagen, bei einer Lösung sollten am Ende beide das Gefühl haben mit fünfzig Prozent an dieser beteiligt zu sein.

Miteinander sprechen ist wohl die beste Möglichkeit, Unstimmigkeiten aus der Welt zu schaffen. Leider habe ich es schon sehr häufig erlebt, dass viele Männer gar nicht sprechen und dass ein großer Teil von Frauen nur redet um zu reden, aber nicht, um eine Lösung zu finden.

Wer nicht an der Konfliktlösung interessiert ist, ist auch an der Sache nicht interessiert und wer nicht Teil der Lösung ist, ist Teil des Problems. Ich persönlich halte jedes Konfliktgespräch für überflüssig bei dem am Ende nicht festgelegt wird, wie sich beide Seiten in Zukunft verhalten, um das Problem zu vermeiden. Alles andere sind nur inhaltlose Sprechblasen. Eigentlich ist es völlig egal, worum es in einem Konflikt geht, erwachsene Menschen sollten im Gespräch für alles eine Lösung finden. Fragt sich, wie viele Menschen sind wirklich erwachsen? Viele werden zwar alt aber nie erwachsen, genau wie viele Junggebliebene einfach nur stehen geblieben sind.

13. Jetzt wird alles anders

Wunderbar, jetzt hat sie es endlich begriffen. Musste es erst soweit kommen, bis wir uns mal vernünftig unterhalten und aussprechen konnten? Dieser ganze Ärger war doch eigentlich überflüssig, aber jetzt wird ja alles ganz anders.

Willkommen in der Fantasiewelt, mein Freund. Die Hoffnung, die wir haben, dass ein erneutes Gespräch doch noch alles zum Guten wendet, vernebelt uns häufig unser Gehirn und lässt unseren rationalen Denkanteil Richtung Null sinken. Die gegenseitigen Versprechungen, Beteuerungen und Versicherungen entpuppen sich leider nur allzu häufig als situationsangepasste Lippenbekenntnisse, die schon nach kurzer Zeit gegenstandslos werden. Das allerdings auf beiden Seiten. Wie ich schon in einem vorangegangenen Kapitel erwähnte, dauerte es bei mir einmal in so einer Situation nicht sehr lange, um von einem „Ich Liebe dich" zu einem „du bist raus" zu gelangen. Dabei waren unsere Unterhaltungen so intensiv wie nie zuvor und die Versprechen, die wir uns gaben, klangen mehr als aufrichtig. Es ist das eine, was man sagt, aber etwas ganz anderes, was man davon konsequent umsetzt. Häufig werden die akuten Probleme kurzfristig aus der Welt geschafft, indem gegenseitige Versprechen gegeben werden, es diesmal ernsthaft zu versuchen.

Versuchen? Versuch mal den Klodeckel hochzuklappen. Nein, du sollst ihn nicht hochklappen, sondern es nur versuchen.

Es gibt kein Versuchen! Entweder ich tue etwas oder ich

tue es nicht. Versuchen impliziert darüber hinaus schon als Aussage den Misserfolg. Das Scheitern wird gleich mit eingeplant und es ist eine vorauseilende Entschuldigung dafür, dass es höchstwahrscheinlich nicht funktionieren wird, aber man hat es ja wenigstens probiert. Damit ist man schon wieder von jeglicher Verantwortung befreit, was das eigene Handeln angeht, und wenn der Versuch gescheitert ist, kann man einfach mit den Achseln zucken, denn man hat es ja wenigstens versucht. Wer kann da schon böse sein? Wenn man es noch näher betrachtet, verschleiert das „Versuchen" ein „eigentlich will ich es nicht". Das ist natürlich eine Aussage, die höchst ungern in dieser Klarheit gemacht wird, zumal es in solchen finalen Situationen ja irgendwie um die Wurst geht. Da ist das „Versuchen" doch eine willkommene Variante, um erst mal in die rettende Spielverlängerung zu gehen. Der Versuchende weiß aber insgeheim schon zu diesem Zeitpunkt, dass das golden Goal fallen wird, während sein Gegenüber noch auf ein zünftiges Elfmeterschießen hofft.

Meistens sind die Probleme, um die es in einer Beziehung geht, sehr elementar. In einem meiner Fälle ging es immer um das Thema Nummer eins, Sex. Dieses Thema zog sich durch meine langjährige Beziehung wie ein roter Faden. Wenn eine Frau generell mit dieser Geschichte, warum auch immer, auf Kriegsfuß steht, bekommt die Sache einen Stellenwert, der ihr eigentlich gar nicht gebührt. Sex ist nicht die Säule, auf der eine Beziehung stehen sollte, aber wenn das einfachste vom einfachen nicht funktioniert, kann es schnell zum Topthema werden, wie andere Dinge auch. Ich hatte das Thema schon so häufig mit ihr durchgekaut, dass es mir schon peinlich war, bestimmte völlig normale Dinge in einer Klarheit ansprechen zu müssen so wie man Kindern irgendetwas erklärt, weil man bei ihnen nichts voraussetzen kann. Zwei schöne Beispiele, weil auch so amüsant, jedenfalls aus heutiger Sicht, werde ich wohl nie vergessen. An einem Sonntagmorgen, kurz nach dem Erwachen, bat ich sie, noch etwas mit mir im Bett zu bleiben. Sie erwiderte, dass es leider nicht möglich wäre, denn sie hätte noch einen wichtigen Termin und verschwand im Badezimmer. Als ich kurz darauf in die Küche kam, war sie dabei einen Kuchen zu backen. Als ich sie da so in ihrem wichtigen Termin rumrühren sah, stieg in mir der Wunsch hoch, jemand möge auf mich schießen, damit das Elend ein Ende hat, denn es war nicht der erste wichtige Termin dieser Art, der unser Liebesleben beeinflusste. Dieser Wunsch wurde allerdings nicht erhört und so durfte ich auch noch folgende Szene erleben. Am Ende eines gemeinsam verbrachten Tages fragte sie mich, wie ich mir den Rest des Abends vorstellen würde. Ich erwiderte, sie könne uns doch noch Badewasser einlassen. Ihre Antwort, mit dem Blick eines verwunderten Kälbchens:"so spät noch baden?" Ich stand einfach da und traute meinen Ohren nicht. War sie so naiv oder tat sie nur so? Vielleicht waren es auch nur ganz geschickte Varianten von, „ich habe Migräne". Wie auch immer! Dass ihren Aktionen ein mehrmaliges Versuchen, es anders zu machen, vorausgegangen war, erwähne ich der Vollständigkeit halber. Es geht hier nicht um die Aneinanderreihung von lustigen Anekdoten, sondern darum aufzuzeigen, dass es Dinge gibt, die sich nicht ändern. Dinge, die sich durch das Beteuern des Versuchens nur in die Länge ziehen, sich aber grundsätzlich nicht ändern werden. Aus einem Huhn wird auch durch das ständige Versuchen kein stolzer Adler. Sie war wirklich ein feiner Mensch, aber eine Frau, mit der man zu Hause eine aufregende Beziehung haben kann, war sie nicht. Wahrscheinlich wollte sie es auch gar nicht, denn sie hat einfach andere Schwerpunkte, was man respektieren muss. Wir hätten uns aber eine Menge Ärger ersparen können, wenn sie nicht jahrelang „ich will nicht", durch „ich werde es versuchen" ersetzt hätte.

Der Versuch

Ein Irrtum ist es wenn man denkt, nen Sieg
davon zu tragen, in dem man das Versprechen schenkt,
einen Versuch zu wagen. Das Scheitern ist schon einge-
plant, halbherzig dann die Taten und was man schnell
großspurig sprach, wird noch schneller verraten. Wer
nur versucht aber nie tut, dem schenke nie dein Herz,
denn Hoffen ist zwar schön und gut, doch das was folgt
ist Schmerz. Spar dir die Zeit für anderes, verschwende
nicht Gedanken, wenn jemand vom Versuchen spricht,
dann meint er nur, ich will es nicht.

Jörn Schacht

Ich weiß nicht, worum es in eurem Streit geht, aber frag dich mal, wie oft ihr das Thema schon besprochen habt und was letztendlich dabei herausgekommen ist. Es ist also notwendig, dass du dir überlegst, ob es überhaupt anders werden kann. Bringt ihr, jeder mit seinen Möglichkeiten, die Voraussetzungen mit etwas langfristig zu ändern? Das genug Gefühle da sein müssen, sollte natürlich generell die Grundlage sein, auf der man Veränderungen aufbaut.

Doch gerade bei den heiklen Themen in einer Beziehung reicht aber selbst das häufig nicht aus, um dauerhafte Veränderungen im Verhalten herbeizuführen. Verantwortlich hierfür ist sicherlich die Vorstellung des einzelnen, seine Persönlichkeit, sein Selbstwertgefühl und die Offenheit, in allen Bereichen des zwischenmenschlichen Miteinanders, die notwendigen Wege gehen zu wollen. Der letzte Punkt ist dabei entscheidend. Man muss sich für die Sache ändern wollen. Kennst du den schönen Film „forget Paris" mit Debra Winger und Billy Chrystal? Wenn du ihn noch nicht gesehen hast, solltest du das nachholen. Zeit hast du doch im Moment, oder? Entschuldige, kleiner Scherz!

In der Schlüsselszene, in der sich die beiden trennen, weil es scheinbar nicht mehr geht, kehrt sie kurz darauf doch zu ihm zurück. Als er sie verwundert fragt, warum sie wieder in der Stadt wäre, antwortet sie nur:

„Ich will, dass es funktioniert."

Sie sagt nicht, man müsste oder sollte, sie gibt auch nicht vor es noch mal zu versuchen, sondern sie will, dass es funktioniert. Das ist eine Aussage, die Kraft hat, die erwachsen ist und Energie freisetzt, um sich auf das zu konzentrieren, was für die Beziehung wichtig ist. Alles andere führt unweigerlich nur dazu, das der Versuchende sich nach kurzer Zeit wieder achselzuckend hinstellt und irgendetwas von" nicht können" erzählt. Kann ich nicht heißt will ich nicht, und will nicht heißt, anderes ist mir wichtiger. Wenn etwas anderes wichtiger ist, muss man sich überlegen, ob es eine ernsthafte Beziehung ist oder war oder nur ein nettes konsequenzloses Nebeneinanderher. Also überlege dir, was dir wichtig ist, in welchen Bereichen du Abstriche machen kannst, ohne dich zu verrenken und ob du selbst ebenfalls zu wirklichen Veränderungen bereit bist. Wenn es sich bei euch um ein Thema handelt, das für dich eine Grundvoraussetzung für eine funktionierende Beziehung ist, du aber nicht den Eindruck hast, sie will diesen Weg dauerhaft mitgehen, sondern es nur versuchen, verschwendest du, genau wie sie im umgekehrten Fall, mit einem neuen Anfang nur Zeit. Übrigens solltest du das Wort „Versuchen" generell aus deinem Wortschatz streichen.

Es wird nur gehen, wenn du willst und auch der andere mitmachen will. Es bedarf klarer Absprachen und Spielregeln, die für beide bindend sind, sonst wird es nur eine weitere Ehrenrunde. Die Erfahrung, die du mit deiner Süßen bis jetzt gemacht hast, wird dir helfen einzuschätzen, in wieweit das von ihr Gesagte dauerhaft glaubwürdig ist. Vor allem überprüfe dich, ob du dir deine Versprechen, die du ihr gegeben hast oder jetzt vorhast zu geben, selber glaubst, bevor du erneut etwas versprichst, was du eigentlich gar nicht willst. Wenn du noch schwankst, hilft dir in diesem Fall dein Bauchgefühl mehr als dein Herz oder der Verstand. Ich lege dir darüber hinaus die gute alte Pro- und Kontraliste ans Herz. Was ist für dich positiv, wenn ihr es noch mal miteinander probiert, was negativ? Du solltest, wenn sich eure Sache doch noch mal zum Guten wendet, bedenken, dass Veränderungen Zeit brauchen und sich eingefahrene Dinge nicht von heute auf morgen ändern können. Also bitte nicht wieder das kleine geheime Rabattmarkenbuch führen und für jeden negativen Punkt gedanklich eine Marke einkleben bis die Bombe erneut platzt. Besser ist in jedem Fall, gleich den Mund aufzumachen. Dass der Ton dabei die Musik macht, sollte klar sein. Sei ein wenig feinfühlig auch für kleine Fortschritte und zeig auch, dass du sie bemerkst, denn das sorgt dafür, dass das Bemühen auf beiden Seiten auch nicht abreißt. Es sollte aber nicht zu einem Spiel auf Zeit ausarten, sonst ist dein Leben vorbei, bevor du das leben kannst, was du wirklich willst. Wenn ihr natürlich schon seit Jahren dasselbe Thema durchkaut, kann die Schonzeit entfallen. Nur ein Idiot geht dann noch davon aus, dass sich etwas ändern wird. Tröste dich, ich war auch lange so ein Idiot, aber der Grat zwischen Liebe und Blödheit ist ja bekanntlich schmal.

14. Einen Strich ziehen

Der wohl schwierigste Moment ist der, wenn du einsehen musst, dass es keinen Sinn mehr hat, inhaltlose Gespräche zu führen und immer wieder die Hausmarke Hoffnung zu entkorken. Es ist auch sinnlos, Dinge zu tun, die sie theoretisch noch irgendwie an dich binden sollen aber praktisch keinen Wert mehr haben. Das ist der Zeitpunkt für die ernüchternde Erkenntnis deiner Geschichte.

Das war es, Punkt.

Ja aber es könnte doch noch…

Punkt, Punkt, Punkt, es gibt kein „Aber" mehr.

Du kannst dich nun in eine Traumwelt retten, in der sie in zwei Monaten vor der Tür steht, alles für einen riesigen Irrtum erklärt und ihr bis ans Ende eurer Tage glücklich zusammenlebt. Mach dir nichts vor, das wird in dieser Form wahrscheinlich nicht passieren und je eher du das begreifst, je besser ist es für dich. Ich kenne einen Mann, der wurde von seiner Frau nach zehn Jahren Ehe verlassen, ohne dass es wirklich schwerwiegende Gründe gab. Sie setzte ihn einfach vor die Tür, wohl gemerkt vor die Tür seines eigenen Hauses. Das ist jetzt sechzehn Jahre her. Er lebt seitdem in einem Apartment, kann sich nichts mehr leisten, denn er zahlt fleißig den Unterhalt für seine Frau und die Raten für sein Haus. Auf meine Frage, warum er sich das antue, sagte er leise: „Sie wird es sich schon noch mal anders überlegen." Während er auf ihren Sinneswandel wartet, geht das Leben mit den vielen neuen Chancen an ihm vorbei und wenn er nicht gestorben ist, wartet er noch heute.

Ein Märchen? Nein, leider nicht. Es ist eine Geschichte von vielen, von Menschen, die sich weigern anzuerkennen, was „Ist", das „Ist".

Also komm wieder zu dir, denn da draußen wartet das Leben auf dich. Jeder Tag, den du mit sehnsüchtigem Warten vergeudest, ist der erste vom Rest deines Lebens.

Der Mensch hat durchschnittlich 650.000 Stunden Lebenszeit zu Verfügung, wie viele davon glaubst du sollte man verschwenden? Natürlich ist es für uns unheimlich schwer, uns mit Vorgefallenem einfach abzufinden, aber es gibt Situationen, die geben keinen Spielraum mehr her. Du schadest dir nur selber, wenn du weiter versuchen würdest diesen Zustand nicht anzuerkennen. Ich gehe davon aus, dass du einen Job hast, spätestens jetzt alte Freunde reaktivieren wirst und der Anblick einer hübschen Frau bei dir männliches Interesse erzeugt. Also mein Freund, wo siehst du noch das Problem oder wovor hast du Angst? Es ist nicht der Weltuntergang und es wird auch nichts von dem passieren, was du dir vielleicht ausmalst, wenn es ohne sie weitergeht. Übrigens, Furcht ist Furcht vor einer bestimmten Sache, Angst ist Angst vor nichts. Furcht lässt dich ins Handeln kommen, Angst lähmt. Häufig vergeuden wir viel zu viel Zeit damit, uns über Dinge Gedanken zu machen, die so nie eintreten. Tatsächlich geschieht das meiste von dem, worüber wir uns Sorgen machen, überhaupt nicht. Die Vergangenheit ist vorbei und die Zukunft ist noch nicht da, und so sehr wir uns auch bemühen, wir können weder die eine noch die andere beeinflussen. Es gibt nur eine Zeit in der wir Leben können und das ist die Gegenwart, das Hier und Jetzt. Also glaub mir, vor der Zeit mit ihr ging es dir gut und es wird jetzt auch ohne sie gehen. Wo eine Tür zugeht, geht immer eine andere auf oder wie mein ehemaliger Kompaniefeldwebel immer sehr locker zu sagen pflegte: „Macht euch keine Sorgen Jungs, wenn die eine sich anzieht, zieht eine andere sich aus".

Ein kleiner Tipp. Frag dich mal, was im schlimmsten Falle passieren kann, wenn du deinen Lebensweg alleine weitergehst. Sollte dir etwas Gravierendes einfallen, bereite dich geistig auf diesen schlimmsten Fall vor. Wenn du dich eine Zeit lang damit auseinandergesetzt hast, wirst du feststellen, dass du damit schon fertig werden würdest, wenn es so käme, denn nun bist du ja gedanklich vorbereitet. Ist das vermeintliche Problem erst einmal analysiert, kannst du locker darauf hinarbeiten, dass es gar nicht so schlimm kommt, wie du es dir jetzt ausmalst.

Die Zukunft ist nicht für die Feiglinge, sie gehört den Mutigen.

Ronald Reagen

Wenn du ängstlich in der Hoffnung ausharrst, verleihst du den Umständen und deiner Verflossenen indirekt Macht über dein Leben, Einfluss auf deine Gemütsverfassung und die Qualität deiner Existenz. Während sie wieder durch das Leben tanzt, schleppst du dich auf den Krücken der Vergangenheit durch dein Dasein. Sie wird wie ein Rucksack mit Steinen sein, den du mit dir rumschleppst, der dich in allem bremst, was neues Glück in dein Leben bringen kann.

Ich mache dir einen Vorschlag. Schreib ihr einen Brief, in den du noch alles hineinpackst, was es noch von deiner Seite aus zu sagen gibt, nimm einen ordentlichen Schluck Bier und drück dann feierlich auf die" Löschen -Taste." Du kannst den Brief auch im Wald vergraben, in einen Bach werfen oder schlicht verbrennen. Es geht einfach nur um den symbolischen Akt, sich von seiner Vergangenheit zu lösen, nicht mehr und nicht weniger. Wenn dir die Worte eines Exschauspielers und Präsidenten zu martialisch sind, wie wäre es mit Voltaire. Dieser schlaue Bursche hat es schon vor langer Zeit auf den Punkt gebracht.

Jeder Mensch sollte wissen, dass alle kleinen Vorfälle, welche dieses vorübergehende Leben beunruhigen können, sich in der Ewigkeit verlieren.

Voltaire

Bei mir wurden es übrigens ein paar Flaschen Bier mehr, und ich habe dann mein Trennungstagebuch in meinen Kamin geworfen und zugesehen wie es verbrannte. Keine Angst, ich hatte vorher eine Sicherungsdiskette erstellt, denn auch ich wollte später einmal darüber lachen können. Dann nahm ich mir für den nächsten Tag etwas Schönes vor und ab ging es in das neue Leben. Sicherlich wirst du, genau wie ich, noch häufiger über die erlebte Geschichte nachdenken, aber es ist wieder alles unter

Kontrolle und verdirbt einem nicht mehr den Tag. Jetzt hat man den Kopf wieder frei für die Dinge, die Spaß machen, hat wieder Energie berufliche Dinge anzuschieben und ist eventuell offen für eine neue Partnerin, mit der man wahrscheinlich kein einziges Mal irgendwas von dem besprechen muss, was vorher so problematisch war. Womöglich liegt man mit der nächsten Maus so oft in der Badewanne, dass sie sich wohl eher über die Wasserrechnung beklagen wird, aber nie darüber, dass sie alles für einen tut und keinen Dank bekommt. Also mein Freund, zieh einen Strich, lass einfach los und du bekommst auf Garantie die Dinge, die du dir wünschst, denn Macht hat, wer macht.

15. Alles wird gut

Selbstverständlich wird alles wieder gut. Entweder die Zeit heilt die Wunden, oder du tust es selbst. Es hat einen entscheidenden Vorteil, wenn du dich aktiv einbringst. Es geht viel schneller. Wenn du das Buch bis hierher gelesen hast und deine Sätze immer noch mit „ja aber" beginnen, fang noch mal von vorne an. Die grundlegende Botschaft, die ein Problem im Leben für dich bereit hält, ist es, an diesem Problem zu wachsen. Es ist nie der Supergau sondern nur eine Aufgabe, die es zu bewältigen gilt. Im Grunde tut das Leben dir einen Gefallen. Es zeigt dir, wenn du ehrlich mit dir bist, in welchen Bereichen du Defizite hast, an denen du arbeiten solltest. Das Leben ist wie ein Lehrer, der dich so lange an die Tafel holt bis du die Lektion gelernt hast und beim nächsten Mal hoffentlich gleich die richtige Lösung weißt. Und glaub mir, vor diesen Prüfungen kann man sich vielleicht sehr lange drücken, aber letztendlich kann man sich ihnen nicht entziehen. Auch das, was dir jetzt widerfahren ist, ist nur ein Lernprozess, nichts weiter. Das gilt nicht nur für dein momentanes Beziehungsproblem, sondern lässt sich auf alle Bereiche des Lebens übertragen. Es gibt Menschen, die behaupten, nichts im Leben passiert umsonst, alles hätte seinen Sinn. Ob ich das so uneingeschränkt unterschreiben würde, kann ich nicht sagen, aber es erscheint mir ungeheuer praktisch so zu denken, denn dann kann man alles, was einem wiederfährt, als zu lösende Aufgabe betrachten.

Viele Entwicklungsschritte werden nun mal durch mehr oder weniger harte Erlebnisse eingeleitet, beispielsweise der Tod eines geliebten Menschen, die Trennung vom vermeintlichen Traumpartner, der Verlust eines Jobs oder andere Dinge. Ein Sprichwort sagt, Leben ist das, was auf dich zukommt während du damit beschäftigt bist, es zu planen. Du hast sicherlich auch schon mal gehört, dass todkranke Menschen erst genesen können, wenn sie ihre Erkrankung angenommen haben und aufhören ihre Energie damit zu verschwenden, sich gegen das Feststehende aufzubäumen. Sie werden gesund, wenn sie ihre Energien auf die nun notwendigen Handlungen konzentrieren. Wenn todkranke Menschen solche Herausforderungen annehmen und durchstehen können, kannst du dasselbe in der jetzigen Situation auch tun. Nimm sie an und tu das Notwendige.

Der gewöhnliche Mensch ist in eine Handlung verwickelt, der Held handelt. Der Unterschied ist gewaltig.

Henry Miller

Zum Thema Probleme hab ich mal eine sehr beschämende Erfahrung gemacht. Auf einer Party verfolgte ich ein Gespräch mehrerer Anwesender, die sich lautstark über ihre privaten und geschäftlichen Probleme unterhielten.

In einer Gesprächspause fragte einer der Männer einen bis dahin unbeteiligten Gast, was er denn von der allgemeinen momentanen Lage halte. Der Angesprochene lächelte ein wenig gequält und erwiderte: „Wenn ich meine Habseligkeiten in einem Bettbezug über den Balkan schleppen muss, nichts zu essen habe, kein Holz habe um ein Feuer zu machen und permanent damit rechnen muss, beschossen zu werden, dann habe ich ein Problem". Als ich mich im nachhinein nach ihm erkundigte, erklärte mir der Gastgeber, dass der Mann ein Flüchtling aus dem Kosovo wäre, alles verloren hätte und nicht einmal wüsste, ob seine Familie noch am Leben sei. Dieser Mann war mit nichts als einem Koffer hierher gekommen und war dabei sich eine neue Existenz aufzubauen.

Immer, wenn jemand mir von seinen vielen kleinen durchaus lösbaren Problemen berichtet, zitiere ich diesen Mann.

Ich glaube fest daran, dass das Leben möchte, dass du in dieser Situation die Ärmel aufkrempelst, dir überlegst, was du willst und was nicht, statt abzuwarten, was die Umstände oder eine Expartnerin mit dir vorhaben. Wenn du weiterhin deine Lebenszufriedenheit davon abhängig machst, ob die Verflossene dir ihre Gunst noch mal gewährt oder nicht, dann hast du noch einen harten Lebensweg vor dir.

Im ungünstigsten Fall kommen noch ein paar gescheiterte Beziehungen und somit noch der eine oder andere Expartner dazu. In einer Zeit, in der beinahe jede dritte Ehe geschieden wird, ist diese Annahme auch nicht so abwegig. Du kannst dir selber ausmalen wie viel Lebenszeit ins Land gehen kann, die du nicht mit dir im Reinen bist. Glück und Zufriedenheit folgen immer der Entschiedenheit und du bist derjenige, der sich jetzt für den eigenen neuen Weg entscheiden kann. Du hast jetzt die Wahl, ob es dir gut oder weiter schlecht geht, denn du musst doch nur scheinbar mit ihrer Entscheidung leben.

Tatsächlich bist du es doch, der es in der Hand hat, die nächste Runde, mit wem auch immer, besser zu gestalten. Du bist es, der weiterhin ein Problem sieht oder nur eine Aufgabe, die es zu bewältigen gilt.

Jedes Problem wird von uns selbst verursacht, also kann es auch von uns gelöst werden.

Eine Beziehung mit einer tollen Frau ist das Schönste, was es gibt. Einen Partner zu haben, mit dem man in Liebe verbunden ist, der mit einem durch dick und dünn geht, mit dem man die schönen Dinge des Lebens teilen kann, ist ein Grundbedürfnis des Menschen. Wenn du jetzt keine Partnerin mehr hast, dann hast du nur diese eine Partnerin nicht mehr. Es gibt aber unzählige Frauen, die genauso gut oder noch besser zu dir passen. Ablegen musst du nur den Anspruch, dass alles perfekt sein soll, denn diese Frau gibt es nicht, jedenfalls habe ich von solch einer makellosen Traumfrau noch nicht gehört. Die Erwartungshaltung, dass ein anderer Mensch ständig so sein muss wie wir ihn haben möchten, führt dazu, dass wir ständig unzufrieden sind, wenn er diesen Erwartungen nicht nachkommt.

Diese Unzufriedenheit wiederum führt dazu, dass selbst eine unbedeutende offene Zahnpastatube das Fass zum überlaufen bringen kann. Wenn sich jeder selber hinterfragen würde, ob es denn nun ein so großes Opfer ist, die Tube nach dem Gebrauch einfach wieder zu schließen, fänden viele Rosenkriege gar nicht statt. Auf den anderen einzugehen in den Bereichen, die ihm wichtig sind, kann keine unlösbare Aufgabe sein, wenn es einem selbst wichtig ist, und ein Opfer zu bringen, heißt nicht ein Opfer zu sein. Viele Dinge, die mit der Brechstange nicht zu bewegen sind kommen von alleine in Bewegung, wenn wir unsere starren Ansichten und Erwartungen aufgeben. Anspruch ist Ablehnung des Ist-Zustandes, und ein Mensch, den wir eigentlich ablehnen, kann nie ein echter Partner sein. Leider ist der Mensch eine Egomaschine. Er entwickelt durch erfahrene und abgespeicherte Erlebnisse eigene Glaubenssätze und alles was nicht in sein gefestigtes Bild passt, wird erst mal abgelehnt. So macht uns das kleine Ego immer wieder einen Strich durch die Rechnung. Wir werden ungerecht und sehen nur noch die Dinge, die nicht funktionieren. Für die vorhandenen tollen Sachen, die wir haben, sind wir dadurch blind. Wenn wir von Haus aus solche Egomanen sind, liegt der Gedanke nahe, dass es besser ist alleine zu bleiben. Lass dir das bloß nicht einreden. Wir sind keine Einzelgänger, auch wenn Charles Bronson und Clint Eastwood uns immer wieder das Gegenteil beweisen wollten.

Wer nicht mehr liebt und nicht mehr irrt,
der lasse sich begraben.

Johann Wolfgang von Goethe

Leider verteidigen viele Menschen hartnäckig die zweitbeste Lösung. Häufig werten diese die nicht gelebte Alternative sogar ab, weil sie nicht in der Lage sind, die für eine Beziehung notwendigen Voraussetzungen mitzubringen oder zu erlernen. Nimm dir an diesen Menschen bitte kein Beispiel, sondern mach dich von solchen Gedanken frei. Wenn du mit offenem Geist für Neues und mit Verständnis für die Ansichten deines Gegenübers durchs Leben gehst, wirst du automatisch anders handeln. Das wiederum führt automatisch dazu, dass man dich anders behandelt. Das ist gar nicht so einfach, meinst du? Doch das ist es! Versuch mal einen Tag lang an jedem Menschen, den du triffst, etwas Liebenswertes zu entdecken. Sei es die lustige Frisur der Verkäuferin in deiner Bäckerei, das charmante Lächeln der Bedienung in eurer Kantine oder stell dir deinen Chef mal im Hasenkostüm vor. Das nennt man eine Sympathiebrücke bauen. Du wirst sehen, du wirst einen ganz entspannten Tag haben. Wenn doch noch düstere Gedanken drohen, ziehe die Mundwinkel zu einem Lächeln hoch, denn man hat festgestellt, dass es unmöglich ist, sich mit einem Lächeln im Gesicht wirklich zu ärgern. Du wirst feststellen, es lebt sich so in allen Lebensbereichen viel lockerer. Ob es permanent locker bleibt, vermag ich nicht zu sagen. Nur eins kann ich dir mit Gewissheit versprechen, niemand wird dir eine Auszeichnung verleihen, wenn du es dir im Leben richtig schwer machst. Veränderungen sind jederzeit möglich und fangen immer bei einem selber und vor allem im Kopf an. Ich bin mittlerweile felsenfest davon überzeugt, dass man nur dann eine wirklich tolle Beziehung haben kann, wenn man mit sich selber im Reinen ist. Natürlich sind es bei jedem Menschen ganz unterschiedliche Dinge, die ihn davon abhalten in sich selbst zu ruhen. Ich habe mich zum Beispiel in Krisenzeiten immer von den Menschen distanziert, bei denen ich gemerkt habe, sie bringen mich nicht weiter oder geben mir falsche Ratschläge. Ich halte mich mittlerweile generell von Menschen fern, die destruktiv und angepasst sind, Konsequenzen ablehnen, an allem und jedem etwas auszusetzen haben, aber nicht den Schneid haben, ihre Situation zu verbessern. Sag mir, mit wem du gehst und ich sag dir, wer du bist. Ich bin deshalb nicht mit jeder der abgewählten Personen im Streit, aber ich prüfe jetzt einfach sorgfältiger, ob und wann ich jemanden um mich haben möchte. Ich überlege mir in wieweit mich die Aussagen eines anderen beeinflussen und ob eine Beziehung, egal zu wem, für mich Sinn macht oder nicht. Wenn mich etwas stört mach ich den Mund auf, damit der andere auch eine Chance hat sein Verhalten zu ändern, denn ein Rabattmarkenbüchlein macht nur im Supermarkt Sinn. Nutze die freigewordene Zeit mal, um über Themen wie Partnerschaft, Freundschaft oder auch Beruf nachzudenken und du wirst sehr schnell erkennen, wo es hakt und was dich aus dem Gleichgewicht bringt. Sicherlich kann man nicht alles total über den Haufen werfen, aber hier und da eine kleine Veränderung ist doch auch schon was. Es sind im Leben oder in einer Beziehung immer diese kleinen Veränderungen, die große nach sich ziehen.

Erst wenn der Schüler bereit ist, erscheint der Lehrer.

Chinesisches Sprichwort

Sei also bereit. Es ist an dir jetzt die notwendigen Veränderungen einzuleiten und du wirst sehen, dann kommen die positiven Dinge wie von selbst.

Abschließend möchte ich dir nur noch sagen, dass durch die Aufmerksamkeit, die du dir selber in dieser

Phase deines Lebens schenkst, du anderen Menschen gegenüber aufmerksamer und nachsichtiger wirst. Nur ein Mensch, der sich selber mag und liebevoll mit sich selbst umgeht, kann anderen Menschen in gleicher Weise gegenübertreten.

Ein Punkt, der letztendlich dir und einer neuen oder erneuerten Beziehung zugute kommen muss. Viele Dinge, die früher vielleicht einen Mörderkrach verursacht hätten, ringen dir dann nur noch ein mildes, womöglich weises Lächeln ab. Menschen sind halt unterschiedlich, na und?

Der längste Weg beginnt bekanntlich mit dem ersten Schritt, also warte nicht länger, sondern lauf los. Ein Zeitgenosse Goethes schrieb dazu:

Ob es besser wird, wenn es anders wird, weiß ich nicht, das es anders werden muss, wenn es besser werden soll, weiß ich.

Georg Christoph Lichtenberg

Ob es noch mal was wird mit deiner Noch- oder Exfreundin, kannst du nicht wissen, aber es wäre doch unheimlich schade, wenn für dich bei dieser Geschichte nichts rausspringt. Unabhängig davon, wie die Nummer für dich weitergeht, sollte es jetzt erst mal für dich heißen:

Sie ist weg …na und!

Ich möchte mich jetzt von dir verabschieden und wünsche dir die Kraft, nun wieder deinen eigenen Weg zu gehen, egal mit wem und wie dieser aussieht. Mach dich dabei aber frei vom Applaus deines Umfelds und vom gehobenen oder gesenkten Daumen einer Verflossenen. Steh zu dem, was du sagst oder tust und wenn du einen Fehler gemacht hast, übernimm die Verantwortung dafür und trag die Konsequenzen, denn das unterscheidet Männer von Memmen. Auf diesem, deinem Weg wünsche ich dir alles erdenklich Gute.

Noch Fragen? Schacht-Hp@t-online.de

Platz für Ideen, Gedanken, Geistesblitze: